人文社科
高校学术研究论著丛刊

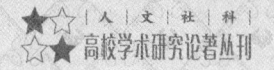

高职学生心理健康与心理危机干预

尹海兰　张士国　著

中国书籍出版社
China Book Press

图书在版编目(CIP)数据

高职学生心理健康与心理危机干预/尹海兰,张士国著. -- 北京：中国书籍出版社,2023.5

ISBN 978-7-5068-9417-3

Ⅰ.①高… Ⅱ.①尹…②张… Ⅲ.①高等职业教育－心理健康－健康教育－教学研究②大学生－心理干预－研究 Ⅳ.① G444

中国国家版本馆 CIP 数据核字（2023）第 091217 号

高职学生心理健康与心理危机干预

尹海兰 张士国 著

丛书策划	谭 鹏 武 斌
责任编辑	李 新
责任印制	孙马飞 马 芝
封面设计	东方美迪
出版发行	中国书籍出版社
地 址	北京市丰台区三路居路 97 号（邮编：100073）
电 话	（010）52257143（总编室） （010）52257140（发行部）
电子邮箱	eo@chinabp.com.cn
经 销	全国新华书店
印 厂	三河市德贤弘印务有限公司
开 本	710 毫米 × 1000 毫米 1/16
字 数	218 千字
印 张	13.75
版 次	2023 年 8 月第 1 版
印 次	2023 年 8 月第 1 次印刷
书 号	ISBN 978-7-5068-9417-3
定 价	80.00 元

版权所有 翻印必究

目 录

第一章　高职学生心理健康认知 ………………………………………… 1
　第一节　心理健康的内涵 ………………………………………………… 1
　第二节　高职学生心理发展的特点 ……………………………………… 8
　第三节　高职学生心理健康的标准与影响因素 ………………………… 13
　第四节　高职学生的心理健康教育 ……………………………………… 22

第二章　高职学生的适应心理问题研究 ………………………………… 29
　第一节　适应的内涵 ……………………………………………………… 29
　第二节　高职学生常见的适应问题 ……………………………………… 36
　第三节　高职学生良好适应心理的培养 ………………………………… 40
　第四节　高职学生的适应心理问题及调适 ……………………………… 48

第三章　高职学生的自我意识问题研究 ………………………………… 54
　第一节　自我意识的内涵 ………………………………………………… 54
　第二节　高职学生常见的自我意识问题 ………………………………… 64
　第三节　高职学生良好自我意识的培养 ………………………………… 68

第四章　高职学生的学习心理问题研究 ………………………………… 78
　第一节　学习的内涵 ……………………………………………………… 78
　第二节　高职学生常见的学习心理问题 ………………………………… 85
　第三节　高职学生良好学习行为的培养 ………………………………… 91

第五章　高职学生的人际交往心理问题研究 …………………………… 97
　第一节　人际交往的内涵 ………………………………………………… 97
　第二节　高职学生常见的人际交往心理问题 …………………………… 108
　第三节　高职学生人际交往问题的调适策略 …………………………… 115

第六章 高职学生的情绪问题研究 …… 121
第一节 情绪的内涵 …… 121
第二节 高职学生常见的情绪问题 …… 130
第三节 高职学生不良情绪的管理 …… 133

第七章 高职学生的人格问题研究 …… 144
第一节 人格的内涵 …… 144
第二节 高职学生常见的人格障碍 …… 153
第三节 高职学生健全人格的形成 …… 161

第八章 高职学生的恋爱心理问题研究 …… 167
第一节 恋爱的内涵 …… 167
第二节 高职学生常见的恋爱心理问题 …… 178
第三节 高职学生健康恋爱心理的培养 …… 185

第九章 高职学生的心理危机干预 …… 191
第一节 心理危机概述 …… 191
第二节 高职学生常见的心理危机 …… 194
第三节 高职学生心理危机的有效干预 …… 199

参考文献 …… 209

第一章 高职学生心理健康认知

健康的心理是高职学生整体素质提升和发展的重要基石。了解自身心理活动的特点和规律，在高职学习阶段养成良好的个性品质，培养健全的人格，增强社会适应能力，提高创新能力，是高职学生个体与整个社会的共同期待。本章即对高职学生心理健康的相关知识进行简要阐述。

第一节 心理健康的内涵

一、心理健康的含义

心理健康是人们在长期实践活动中总结出来的对人类健康的新认识。"无病即健康"的传统观念一直束缚着人们对健康的正确理解。随着现代尖端科学技术的提高，新的科技手段不断地被用于人的心理和健康关系研究，人们对健康有了全新的认识。研究结果表明，人的心理的、社会的和文化的因素同人的生物因素一样，直接或间接地对人的健康和疾病产生影响，使得人们不仅关心自己的身体健康状况，更关注自身的心理素质和社会适应能力，以便使自身发展适应社会发展的需要，去实现自己在为社会服务中追求的完美人生价值。

世界卫生组织（WHO）1989年对健康下的定义是："健康不仅是没有疾病，而且包括躯体健康、心理健康，社会适应良好和道德健康。"可见，健康不仅是身体各器官系统发育良好、功能正常、体质健全、精力充沛，而且包括心理、生理、社会适应和道德健康等诸方面，这是相互影响、相辅相成的一个整体，使人处于"一种身体上、精神上、社会上的完满状态"。从而能够充分发挥个人的最大潜能,妥善地处理和适应人与人之间、人与社会环境的相互关系。

二、心理健康的特点

心理健康具有显著的特点,概括来说主要包括以下几方面(图1-1)。

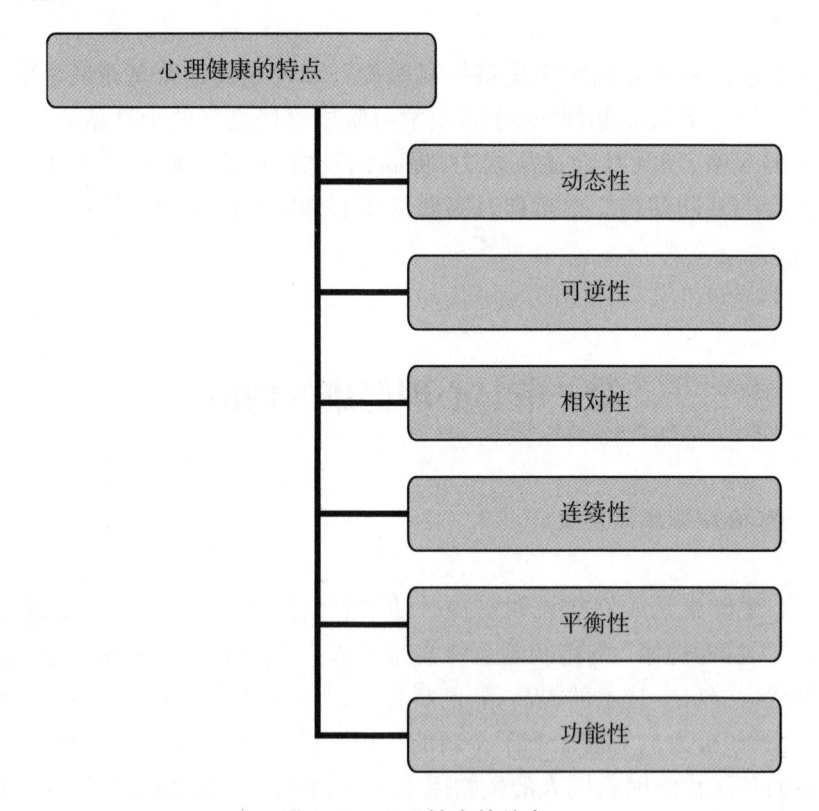

```
心理健康的特点
├── 动态性
├── 可逆性
├── 相对性
├── 连续性
├── 平衡性
└── 功能性
```

图1-1 心理健康的特点

(一)动态性

即便是完全没有任何心理问题的人,其心理状态也不是保持在一个完美或者较为完美的水平上没有变化,而是能够通过不断地调整,将自我的心理状态保持在一个相对稳定、相对较为理想的水平上,所以说,心理健康具有动态性特点。

（二）可逆性

如果个体在平时非常不注意自己的心理问题，在发现出现一定的问题之后也持有忽视的态度，那么长此以往，该个体的心理健康水平就会下降，心理承受能力也会变得比较弱，从而导致心理疾病或者其他更为严重的心理问题出现；相反，如果个体在受到心理问题困扰时能够及时对待，并且想方设法进行一定调节，就会很快恢复健康的心理。所以说，心理健康具有可逆性的特点。

（三）相对性

人的心理健康具有相对性，与人所处的年龄、时代、环境、文化背景等方面的因素有关，不能单纯从个体的某一个行为或者动作就判断其心理是否健康。例如，有一位高职学生平时性格开朗，和同学的关系很好，可是在一段时间内突然情绪低落，和任何人都不愿意多说话，学习成绩也一落千丈，那么可以认为他的心理不健康了吗？当时不是，经过询问才知道，这名高职学生的家人去世了，所以导致他情绪低落，当得知这样的结果时，大家都会认为这名高职学生的表现是完全正常的，是合情合理的，如果他不出现这样的反应反而是不正常的。由此可以看出，心理健康具有相对性的特点。

（四）连续性

我们通常所说的心理健康和心理不健康并不是两个绝对的对立面，二者经常是一种连续的状态。从良好的心理状态到不健康的心理状态之间往往是渐进的和连续的，如果个体刚开始对不良的心理没有重视，那么慢慢地，这种心理状态就会最终导致心理不健康的状态。所以说，心理健康具有连续性的特点。

（五）平衡性

心理健康中的平衡指的是一个人具有调节自己心理状态平衡的能

力,即便在某些时候会觉得状态很差,但是能够在一定时间内通过自我调节恢复到一个正常的水平,这样的人就是具备心理平衡能力的人。

(六)功能性

心理健康的功能性指的是一个心理健康的人,是具备一定的社会功能的,比如,能够生活自理,能够正常地与人交流,能够良好地进行学习和工作。总之,从整体上来看,心理健康的人能够较为良好地应对社会生活,这是一个心理健康的人所具备的社会功能。

三、心理健康的原则

心理健康的原则主要包括现实原则和快乐原则,这两个原则是心理健康的最基本原则,缺少任何一个原则,心理健康都是病态的。

(一)现实原则

自我感觉很好的人不一定健康。比如,一些自私自利的人,整天以自我为中心,认为自己的感受是最重要的,所以一切都从自身出发,凡事都先考虑对自己是否有益,完全不考虑他人的感受及对他人的伤害。这些人很快乐,但他们的心理并不健康,因为衡量一个人的心理是否健康,除了自我感受外,还必须考虑其社会适应性,一个人的心理活动与外部环境是否具有同一性。

(二)快乐原则

快乐原则是衡量一个人心理是否健康的一个重要法则。人的任何行为必然伴随主观感受,主观感受指行为者自身的内心体验,这种体验中最基本的是本体感觉。无论是工作、学习还是待人接物,是靠内心体验来调整行为的。强迫症患者屈从于强迫性的需要,行为拘谨刻板,以程式化的方式对待身边的人与事,过分追求完美,这显然是本体感觉出了问题。当一个小孩子为了博得大人的好感,违心地表达自己的真实感受时,千万别太早地为孩子的懂事而高兴,相反你得留意这个孩子的心理健康。过度地早熟与懂事会压抑孩子的本体感觉,这并不是好事。因为当利他只是一种手段时,它不会给行为者带来真正的道德愉快。只有行为中的愉快真正来自本体而不依赖于他人的评价,利他行为才能成为健康行为。这种根据个人的主观感受做出自己是否处于健康状态的判断,一般是比较准确的。

四、心理健康的标准

心理健康的标准如图 1-2 所示。

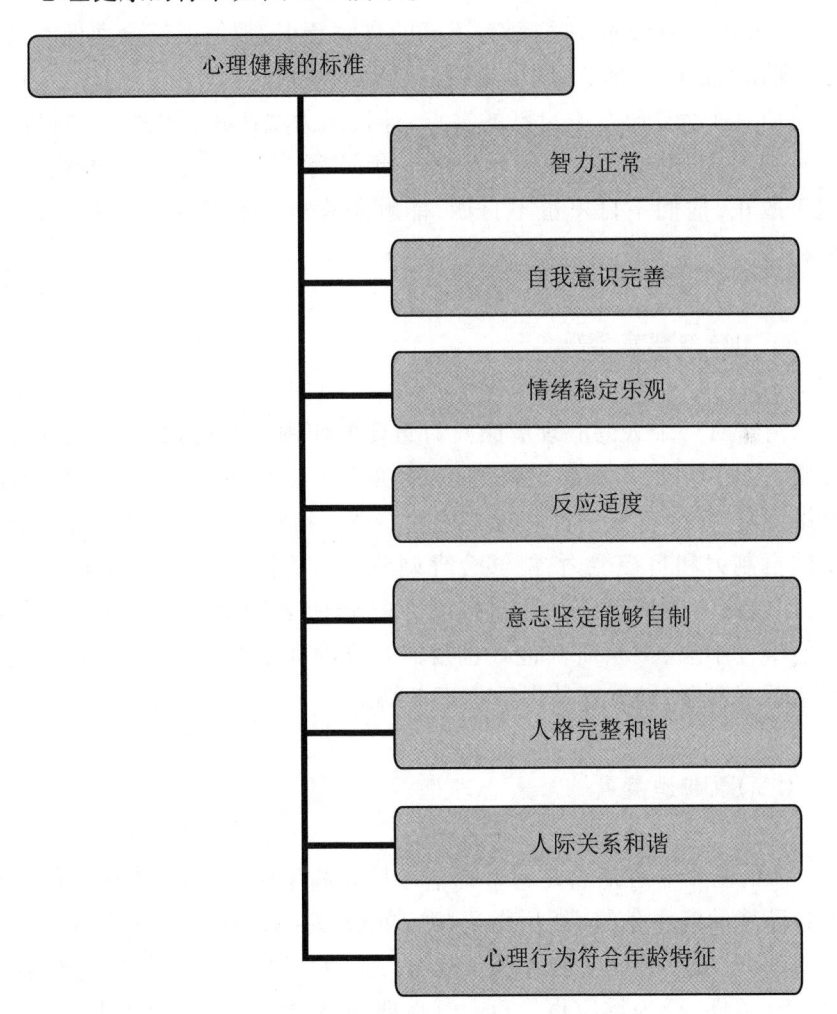

```
心理健康的标准
├── 智力正常
├── 自我意识完善
├── 情绪稳定乐观
├── 反应适度
├── 意志坚定能够自制
├── 人格完整和谐
├── 人际关系和谐
└── 心理行为符合年龄特征
```

图 1-2 **心理健康的标准**

（一）智力正常

智力是心理活动的认知功能表现,良好的智力水平是保证个体取得成功的一个重要基础。只有智力正常的个体才能更好地适应环境,才能更好地生活和工作,也才能最终取得成功。

（二）自我意识完善

心理健康的个体往往都有正确的自我意识,他们能够全面地看清自己,既知道自己的优点,同样也明白自己的缺点。对于自身的优点,他们努力使其扩大;而对于自己的缺点,他们努力去改正。他们对自己的错误主动承认,由于自身原因导致的一些问题,他们也会去主动承认并且积极改正,他们不自卑也不自傲,能够用积极的态度悦纳自我,人际关系和谐。

（三）情绪稳定乐观

情绪对一个人的心理健康具有重要的作用,拥有良好情绪的人思维敏捷、记忆力强,凡事都充满信心,而拥有不良情绪的人往往记忆困难,思维混乱,凡事都有一种悲观失望的心理。情绪稳定乐观的人会拥有良好的自制力和自控能力,能够合理调节自己的情绪,使自己能够融入社会,而情绪不健康的人往往自控能力非常差,经常将自己的坏情绪带到其他事件中去,甚至对其他人也发泄自己的坏情绪,结果常常是导致人际关系不和谐,做事容易失败等不良结果。

（四）反应适度

人的基本心理活动是对外部信号接收和反应的过程,人的大脑接受外界环境的各种信号,然后做出相应的反应,由于每个个体自身的条件不同,所以反应的程度也会存在差别。概括来说,心理健康者思维清晰,语言有条理,行为反应也适度;而心理不健康的人则思维混乱、语言没有逻辑性,语言要么反应过敏要么反应迟钝。

(五)意志坚定能够自制

心理健康的个体一定要意志坚定能够自制,这主要表现为个体对于自己认定的事情以及能够通过努力达到自己想要结果的事情不轻易放弃,还表现为个体对任何事情都有自制的能力,在遇到事情时都有一定的判断能力,能够用冷静的心态对事对人。而心理不健康的个体往往表现出两种极端的心态,要么犹豫不决,要么武断独行。

(六)人格完整和谐

心理健康的个体往往自信、热情、勇敢、正直,拥有积极进取的人生观,并能不断通过自己的努力达到目标,而不健康的个体往往悲观、冷漠、自卑、恐惧、自私,他们的人生观往往是消极的、悲观失望的,他们势必会成为生活中的失败者。

(七)人际关系和谐

每个人都生活在一定社会环境中,都需要与他人交往。个体的心理是否健康在与他人的交往中往往有所表现,心理健康的个体往往非常喜欢和他人交往,有知心的朋友,在交往的过程中也能很好地遵循适度原则,将人际关系维持得非常好。相反,心理不健康的个体往往对其他人持有疏远的态度,他们不愿意与人交往,人际关系相当不和谐。

(八)心理行为符合年龄特征

在个体的生命发展过程中存在着不同发展阶段,每个阶段都有特有的心理特点,在这些心理特点的影响下也会出现与之相符的心理行为,一个心理健康的人,心理行为必须符合当时的年龄特征。

第二节　高职学生心理发展的特点

心理发展是指个体随年龄的增长,在相应环境作用下,整个反应活动不断得到改造,日趋完善、复杂化的过程,是一种体现在个体内部的连续而又稳定的变化。①

一、心理发展的特点

心理发展具有以下几个显著特点(图1-3)。

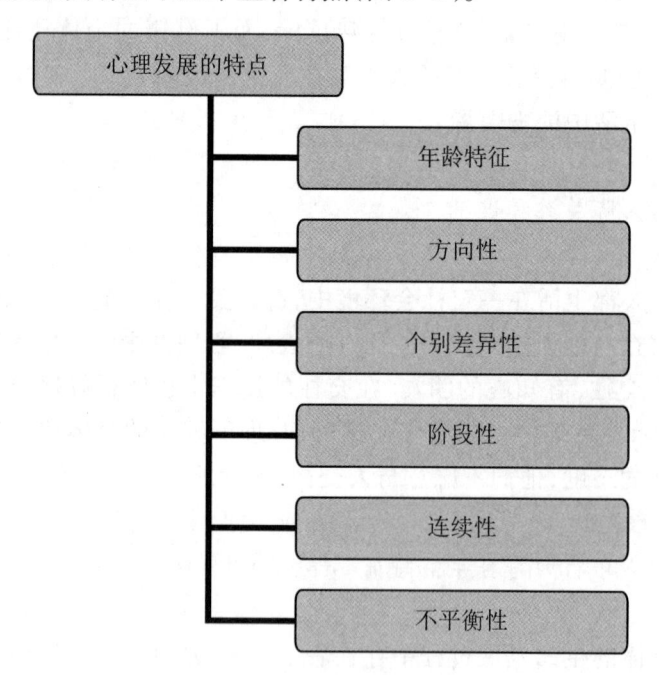

```
心理发展的特点
├── 年龄特征
├── 方向性
├── 个别差异性
├── 阶段性
├── 连续性
└── 不平衡性
```

图1-3　心理发展的特点

---

① 全国十二所重点师范大学联合编写.心理学基础(第2版)[M].北京:教育科学出版社,2008.

（一）年龄特征

个体的心理年龄特征是指在发展的各个阶段形成的一般的、本质的、典型的心理特征。年龄越小,生理发育对心理发展的影响越大。随着年龄的增长,社会化的发展对其心理发展的影响逐渐加强。

（二）方向性

在正常的条件下,心理发展具有先后顺序,既不会逾越,也不会逆向发展,个体都必须以同样的顺序,从低向高地发展,并且在不同的文化背景下和不同的个体身上都表现出较高的一致性。

（三）个别差异性

人与人之间存在个体差异,这种个别差异是人在社会化过程中,由于受到遗传、社会生活条件、教育等因素的不同影响造成的。这种差异主要表现在男女性别上的差异、发展类型和水平的差异、发展早晚的差异等方面。如在心理发展方面,有的人沉默寡言,有的人活泼好动;有的人粗暴鲁莽,有的人懦弱不前等。

（四）阶段性

心理的发展有一个从低级到高级、从简单到复杂、从不分化到逐渐分化的发展顺序。它既是相对稳定的,同时又是可以随着环境、教育、文化以及主体的动机等差异而有一定程度的可变性。

（五）连续性

心理发展的连续性表现在后一阶段的发展总是在前一阶段基础上产生的,并且后一个阶段的发展既包含着上一个阶段的因素,同时也孕育着下一个阶段的性质。

（六）不平衡性

人的心理发展具有不平衡性，主要表现在以下几方面。

第一，个体不同方面的发展具有不平衡性，即个体的有些方面的心理发展在年龄较小时就已经达到了较高的水平，而有一些则要在年龄较大时才会达到较高水平。

第二，个体同一个方面在不同的年龄阶段的发展是不均衡的，例如人的思维发展在不同年龄阶段发展速度是不同的。

第三，社会因素让个体身心发展的不平衡性表现得更加突出，由于社会的发展对个体提出更高的要求，这就导致个体要花费更长的时间来学习，也就导致他们的心理成熟及社会性成熟相对后移。另外，由于社会的不断发展，人们的生活水平不断提高，人们的膳食营养丰富，这就导致个体生理成熟的年龄提前。

二、高职学生心理发展的特点

高职学生心理发展的特点主要包括以下几方面（图 1-4）。

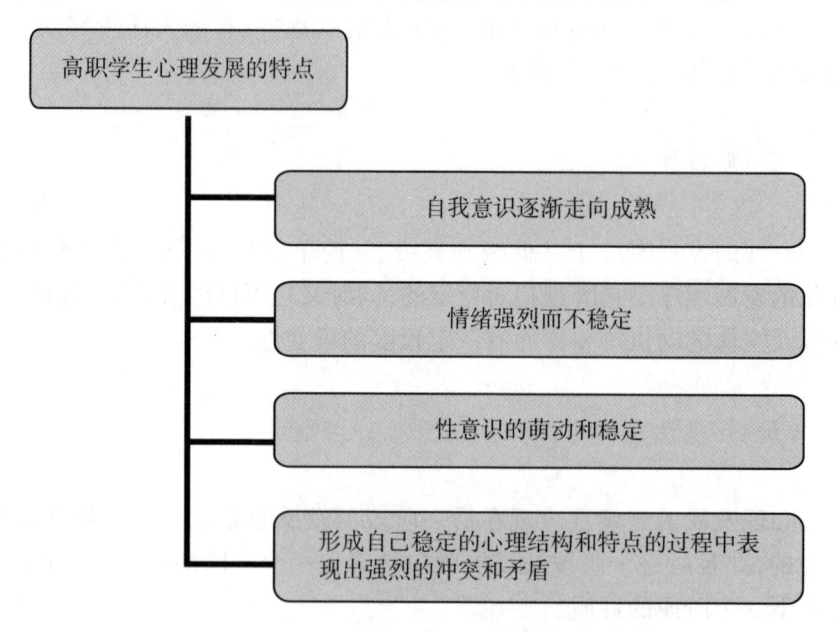

```
高职学生心理发展的特点
├── 自我意识逐渐走向成熟
├── 情绪强烈而不稳定
├── 性意识的萌动和稳定
└── 形成自己稳定的心理结构和特点的过程中表现出强烈的冲突和矛盾
```

图 1-4　高职学生心理发展的特点

(一)自我意识逐渐走向成熟

认识自己是一个非常漫长的过程,也是一个人心理成熟的重要标志。高职学生也正是在人与人的交往过程中,在完成一个个学习任务的过程中,不断地认识自己,逐渐走向成熟。

(二)情绪强烈而不稳定

进入高职学校后,随着生活空间的扩大和文化层次的逐渐提高,高职学生的思维异常活跃,情感丰富而强烈。虽然高职学生已经具有了一定的自控能力和情感驾驭能力,但由于其价值观尚不稳定和平衡,加之他们的社会阅历较少,所以他们的情绪控制能力和情感控制能力还不健全和稳定,具有极大的可变性。高职学生的这种情绪和情感往往具有明显的两极性:他们高兴起来经常忘乎所以,而也经常因为一点小事就痛苦万分。高职学生的这种情绪强烈但不稳定的特征是由高职学生的年龄特点和社会阅历等决定的,属于正常现象,但高职学生一定要及时意识到这种特点,并及时调整,以免影响心理健康。

(三)性意识的萌动和稳定

随着高职学生生理的不断发展和成熟,他们的性意识也不断发展,第二性征进入了性成熟期,这一时期的男女高职学生不会因为自己第二性征的出现而感到羞涩,相反,他们会通过各种方式去展示自己的魅力。同时,对于男女之间的性别差异,高职学生也基本都有了正确的认识,他们的各种性知识和性观念等基本达到了成人水平,对于性问题,他们基本上能够妥善处理。

(四)形成自己稳定的心理结构和特点的过程中表现出强烈的冲突和矛盾

高职学生心理发展过程中的矛盾和冲突主要表现在以下几方面(图1-5)。

```
高职学生心理发展过程中的矛盾和冲突主要表现
├─ 独立性与依赖性的矛盾
├─ 理想自我与现实自我的矛盾
├─ 自负与自卑的矛盾
└─ 交往需要与孤独感的矛盾
```

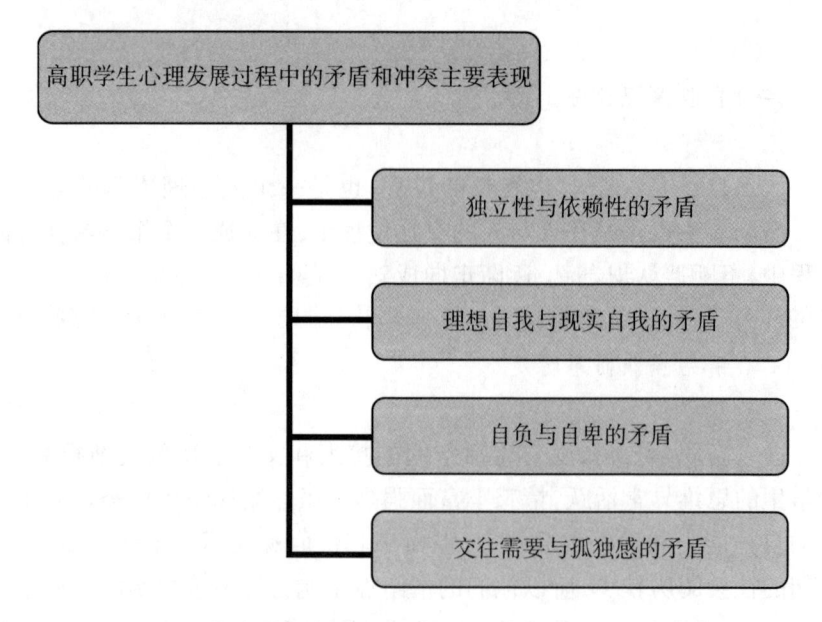

图 1-5　高职学生心理发展过程中的矛盾和冲突主要表现

1. 独立性与依赖性的矛盾

由于高职学生缺乏社会经验，他们往往是刚离开父母独立生活，还没有摆脱依赖的习惯，往往不能独立地处理好各种问题。他们一方面渴望能够独立，另一方面又无法独立，于是便产生了独立性和依赖性之间的矛盾。

2. 理想自我与现实自我的矛盾

进入高校后，高职学生认识了许多新的优秀朋友，他们经常在一起畅谈人生，规划自己的人生目标，他们在学习中也学到了各种文化知识，于是，他们认为高校是他们能够得到发展的地方，他们雄心勃勃，希望理想的自我能够越来越好，希望自己定的远大目标能够尽快实现。然而，基本每一名高职学生都会遇到不同的挫折，这些挫折让很多高职学生的美好理想破灭，他们很多人慢慢会发现理想自我在现实面前变得困难重重。在理想和现实的巨大落差中感到茫然，会对自己的看法、自己的理想产生动摇情绪。

3. 自负与自卑的矛盾

进入高校后,高职学生渴望成功,特别是在取得了一定成功后,他们就暗自得意,表现出自负的举动,但当他们看到其他同学取得了更大成功后,往往又对自己建立起来的优越感持有否定的态度,尤其是在表现出了一定的自负后受挫,他们更容易出现自卑的情绪,他们开始怀疑自己的能力,有的甚至自暴自弃。这些都和高职学生对自己的不完整认识有关。

4. 交往需要与孤独感的矛盾

高职学生在进入学校后,由于环境比较陌生,他们往往希望认识更多的人来使自己的高职生活丰富起来,于是,他们除了在自己的班级和学院开始人际交往外,还经常去参加一些社团以认识更多的朋友和丰富自己的高职生活。但在交往的过程中,由于很多高职学生存在敏感、脆弱等特点,有时他们在交往的过程中缺乏主动性或者将自己的内心封锁起来,不轻易向别人吐露自己真实的想法,于是便产生了难以诉说的孤独感,这就导致高职学生在发展过程中存在交往需要与孤独感的矛盾。

第三节 高职学生心理健康的标准与影响因素

一、高职学生心理健康的标准

高职学生心理健康的标准主要包括以下几方面(图1-6)。

(一)智力正常

智力正常的高职学生应该珍惜学习机会,保持对学习较浓厚的兴趣,求知欲望强烈,能克服学习中的困难,学习成绩稳定,能保持一定的学习效率,并能从学习中体验到满足与快乐。

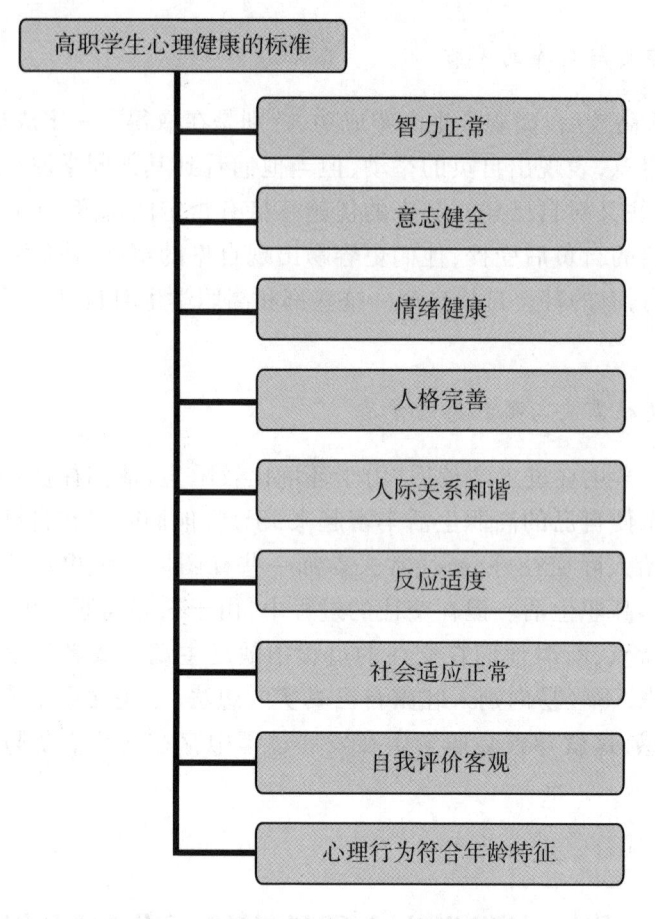

```
高职学生心理健康的标准
├── 智力正常
├── 意志健全
├── 情绪健康
├── 人格完善
├── 人际关系和谐
├── 反应适度
├── 社会适应正常
├── 自我评价客观
└── 心理行为符合年龄特征
```

图 1-6　高职学生心理健康的标准

（二）意志健全

意志健全的高职学生在进行各种活动时都目的明确，能够用积极的心态对待活动中出现的各种问题，并且会努力想办法去解决各种问题。另外，意志健全的高职学生能够有效控制自己的情绪和言行，明白不良情绪可能会带来的各种后果。意志健全的高职学生能较长时间保持专注和控制行动去实现某一既定目标，不为任何外来干扰所动摇，不达目的绝不罢休。良好的意志品质一经形成，将对人的一生产生极为重大的影响。一个意志健全的高职学生，肯定会自觉寻求自身最大的发展，实现自己的价值。

（三）情绪健康

情绪健康的高职学生常表现出愉快、乐观、开朗、满意等积极的情绪状态。心理健康的高职学生并不是没有悲、怨、忧、怒等消极情绪体验，而是在遇到各种问题时，善于控制与调节自己的情绪，既能克制又能合理宣泄自己的情绪，不会被情绪所左右而导致言行失调。

（四）人格完善

完善的人格包括客观的自我认识和积极的自我态度；能准确地从别人的言语、行为中体察别人的思想；对别人的了解是建立在事实根据上的而不是主观臆测；有统一的世界观和人生观，人格结构包括气质、性格、能力、理想、信念、需要、兴趣和动机等各方面都会平衡发展。

（五）人际关系和谐

和谐的人际关系是事业成功和人生幸福的前提。心理健康的高职学生尊敬老师、团结同学，善于和别人交往，并能和多数人建立良好的人际关系。在人际交往中，对所有的人，无论职务高低、年龄大小，都平等对待，同样尊重；恪守诚信，与人为善；不在背后说别人的坏话，能换位思考；善于沟通，宽容待人；在学习和工作中善于与他人合作，在合作的基础上竞争，在竞争的基础上合作。

（六）反应适度

个体的行为反应都是由一定刺激或者刺激的强化产生的，有反应是正常的，但一定要注意适度。例如，失恋时悲伤，朋友相聚时高兴，中彩票后异常兴奋，这些都是适度的反应，如果反应不适度，就会出现一些心理问题，所以一定要想办法去调节。例如，某高职学生在考试中取得了较差成绩，在看到成绩后，他非常失望和难过，这是很正常的反应，但如果过了很长时间之后，他还是对此事耿耿于怀，并且因此而长期睡不着觉，那么这就是不正常的、不适度的反应。又如，在公交车上别人不小心踩了你一脚,别人对你道歉之后,你仍然不满意,还继续破口大骂,这也属于反应过度。

(七)社会适应正常

心理健康的高职学生能够正确认识社会、了解社会,并且通过各种方式尽快融入社会,与社会保持良好的接触,使自己的思想、信念和目标等跟上社会进步的步伐,使自己不落后于社会,并且努力尝试为社会做出自己的贡献。如果社会的进步与发展和个人的发展存在一定冲突时,努力调整,修正或放弃自己的计划和行动。

(八)自我评价客观

自我评价是主体对自己思想、愿望、行为和个性特点的判断和评价。全面、客观的自我评价是衡量高职学生心理健康的重要条件。高职学生在日常生活、学习和工作中如果能够客观评价自我,就能够明白自己的优缺点,能够合理摆正自己的位置,既不妄自尊大,也不妄自菲薄,能够提出切合自身实际的人生目标,面对挫折与困境,能够自我悦纳,喜欢自己,接受自己,并能很好地约束和控制自己的行为和情感,能根据自己的认识和评价来调控自己的行为,使自身与客观环境等保持平衡。

(九)心理行为符合年龄特征

高职学生个体应该具有与其年龄特征相符合的心理行为,如果高职学生的行为严重偏离自己所处的年龄阶段,无论是发展滞后还是超前,都是行为异常和心理不健康的表现。对此,一定要引起足够的重视,当发现问题后要及时进行调整,以免产生更为严重的心理问题。

二、高职学生心理健康的影响因素

高职学生心理健康的影响因素很多,概括来说主要包括以下几方面(图 1-7)。

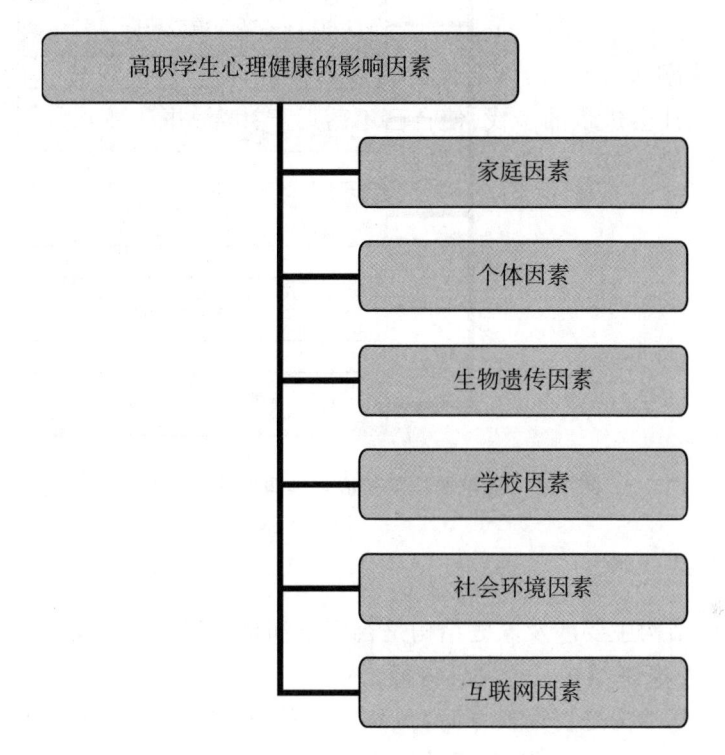

```
高职学生心理健康的影响因素
├── 家庭因素
├── 个体因素
├── 生物遗传因素
├── 学校因素
├── 社会环境因素
└── 互联网因素
```

图 1-7　高职学生心理健康的影响因素

（一）家庭因素

影响高职学生心理健康的家庭因素主要包括以下几方面(图 1-8)。

1. 家庭的经济地位

家庭经济状况会对高职学生的心理健康产生一定的影响。一般来说,家庭经济收入越低,学生的心理健康水平越低,家庭条件贫困的学生更容易出现心理健康问题。来自农村和城镇出现心理健康问题的学生远高于来自城市的学生。经济水平显著影响着高职学生的心理健康水平,贫困高职学生在生活中更容易表现出强迫、抑郁、焦虑和人际障碍等心理问题。

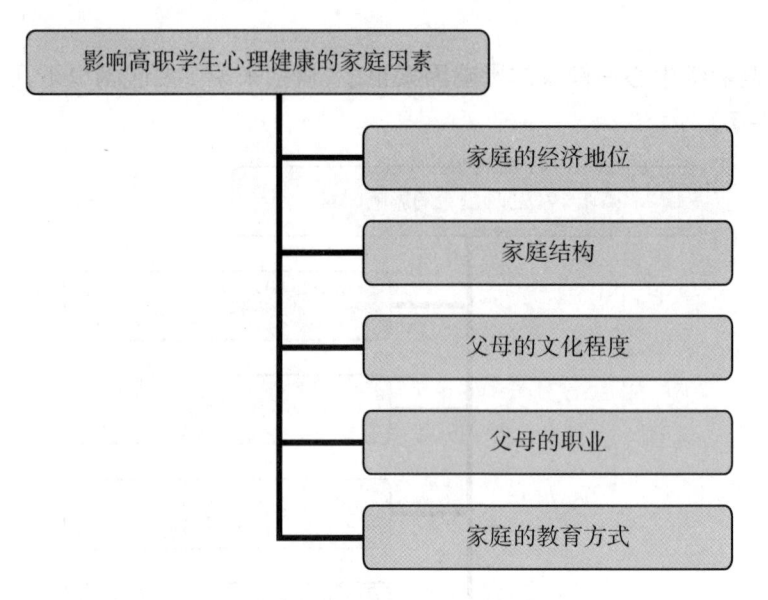

图 1-8 影响高职学生心理健康的家庭因素

2. 家庭结构

家庭结构主要涉及家庭结构是否完整和是否是独生子女。

（1）在家庭结构是否完整方面

在家庭结构是否完整方面,父母一方去世或父母离异及后组建家庭等家庭结构发生变化,对高职学生的心理健康会产生影响。家庭结构对心理健康总体水平及人际敏感、抑郁、精神病等均具有显著影响。调查显示,单亲家庭学生发生抑郁的概率明显高于完整家庭。

（2）在是否是独生子女方面

家庭中孩子数对高职学生心理健康的影响也十分显著。一般情况下,独生子女的心理健康水平要高于非独生子女。

3. 父母的文化程度

父母的文化程度,尤其是母亲的文化程度对高职学生具有显著的影响。调查显示,母亲的文化程度越高,其子女的心理健康水平就越低,低学历母亲子女的心理健康水平居次,母亲的文化程度中等,则其子女的心理健康水平偏好。而父亲的文化程度对子女的影响不是那么明显。

4. 父母的职业

父母的职业会对高职学生心理健康具有一定的影响。父母亲是公务员或知识分子的高职学生的心理健康水平，相对好于父母亲是下岗职工或个体户的高职学生；父母从事技术或管理工作的高职学生的心理健康水平，相对好于父母职业是工人、农民或待业的高职学生。

5. 家庭的教育方式

父母采用的教育方式对高职学生心理健康也有明显的影响。父母婚姻状况好、民主型教养方式的高职学生心理健康水平，高于父母婚姻状况不良、专断型教养方式的高职学生。

(二) 个体因素

从人生的发展阶段来看，高职学生正处于青年中期。这个时期是脱离少年的稳定世界以后进入成人期的固定心理结构之前不稳定的时期。在高职学生的心理发展历程中，他们在校园期间也面临着沉重的心理发展课题，特别是刚刚进入校园的高职学生，他们的心理发展相对来讲并不是很成熟，情绪也不是很稳定，而且对于高职生活还充满了未知。由于周围生活环境和学习环境的改变，高职学生很容易对新的生活和环境产生不良的心理情绪，从而出现各种各样的心理问题。大多数学生的心理问题都是由于个体在发展和成长过程中面临的困难和挫折感到不安、迷茫、恐惧等产生的。

(三) 生物遗传因素

第一，生物遗传因素是影响高职学生心理健康的先天因素。虽然人的心理活动不能遗传，但心理活动的生理基础是受遗传因素影响的。统计数据与临床观察都表明，在精神疾病患者的家族中，其他成员患有精神疾病或某些心理异常的概率，要显著高于无家族病史的人。

第二，脑外伤、中毒或病毒感染等，也有可能造成脑损伤而导致器质性心理障碍或精神失常。如酒精中毒、煤气中毒、某些药物中毒可以对中枢神经系统造成伤害,出现心理障碍。

此外,严重的躯体疾病或生理机能障碍,也可能成为心理障碍的致病原因,如甲状腺机能低下可导致思维迟滞、感觉迟钝、情绪低落等类似抑郁的表现;反之,甲亢则可能导致情绪高涨、精力活跃、易冲动等异常表现。因此,对高职学生心理问题的关注与干预,不能忽视生物遗传因素的影响。

(四)学校因素

校园是高职学生学习与生活的重要场所,学校环境因素也会进一步影响高职学生的心理健康。好的校园氛围能够促进高职学生的健康成长,而高职生活中的各种变动也会成为压力的主要来源。

第一,进入高职院校意味着学习生活环境的改变。高职生活是独立的但又是集体式的,既需要自己安排衣食住行、学业与课余生活,又要调和与室友之间的关系。许多高职学生第一次离开家庭,自理能力不足;与室友之间也可能因为地域差异、生活习惯等原因产生摩擦。对学校环境适应不良,很容易让高职学生陷入孤独、落寞等负面情绪。

第二,进入高职院校也使得人际关系模式变得更为多元。同学之间的合作与竞争并存,在学业、择业等方面直接的竞争压力更大;师生关系也变得更加平等、更多交流。如果社交技能不足,缺少适当的人际关系策略,就会更容易在人际关系中遇到挫折,也更容易一蹶不振。

(五)社会环境因素

现代社会是一个竞争激烈的社会。竞争在促进社会进步和发展的同时,也给处于竞争中的每个人带来了巨大的心理压力。激烈的社会竞争也必然会给在校高职学生带来种种压力,使他们的心理出现种种变化。例如考试压力、就业压力、工作压力,还有恋爱、结婚等各种社会压力,无形中增加了高职学生的心理压力,越是敏感的高职学生,这种压力感和紧迫感就越明显,以致相当一部分高职学生在未进入社会之前就感到紧张、恐惧。

（六）互联网因素

互联网已经成为当代高职学生学习和生活不可或缺的重要组成部分，同时也成为影响高职学生身心发展的重要因素。就积极方面来讲，网络可以在一定程度上缓解高职学生的心理压力。除积极影响外，网络对高职学生的心理健康也具有一定的消极影响，这主要表现在以下几方面。

1. 网络孤独

网络孤独是指高职学生想通过上网来获得大量信息，在网上进行各种娱乐活动，他们想通过这种方式来提高自己，并且使自己能够获得一定的改变，但长时间上网之后，他们发现自己忽视了现实生活中的人际关系，在网络上他们无法得到现实中的那种友谊和温暖，反而出现了一些孤独的感觉。

2. 网络依赖

网络依赖是指轻度网络沉溺行为。高职学生网络依赖往往没有一定的理由，通常表现为无节制地花费大量时间和精力在互联网上持续聊天、浏览，造成对网络的依赖，以致出现各种行为异常、人格障碍、交感神经功能部分失调，影响高职学生的身心健康。

3. 网络成瘾

网络成瘾是指在无成瘾物质作用下的上网行为冲动失控，表现为由于过度使用互联网而导致个体明显的社会、心理功能损害。网络成瘾会使高职学生沉迷网络，忽视现实，往往会造成人际交往等一系列心理问题。

第四节 高职学生的心理健康教育

一、心理健康教育的概念

心理健康教育指根据人们心理活动的规律，采取各种教育方法与措施，调动受教育者的一切内外积极因素，维护其心理健康，培养其良好的心理素质，以促进其整体素质提高的教育活动。心理健康教育是一种新的教育理念，一种新的教育模式，一个多维度、多层次的教育体系。其目的是消除或减轻影响心理健康的危险因素，预防心理疾病，促进心理健康和提高生活质量。[①]

二、高职学生心理健康教育的目标

高职学生心理健康教育的目标如表 1-1 所示。

表 1-1 高职学生心理健康教育的目标

分类	具体类型	阐述
当前目标与长远目标	当前目标	高职学生心理健康教育的当前目标往往是针对高职学生目前存在的心理问题进行有效调适，以便及时、有效地解决高职学生出现的心理问题，保证高职学生的心理健康
	长远目标	高职学生心理健康教育的长远目标往往涉及高职学生健康人格的塑造和心理素质的提高，使高职学生能够准确、全面地认识自己和欣赏自己，从而克服成长中出现的障碍，更好地发挥自己的潜能
发展性目标与补救性目标	发展性目标	高职学生心理健康教育的发展性目标是要对高职学生的心理素质进行有目的的培养和促进，使他们的心理素质不断优化，形成健康的心理，从而能适应社会，并健康地发展
	补救性目标	补救性目标主要是针对少数在心理上出现问题的学生，是治疗性的和矫正性的

---

① 余金明,姜庆五.现代健康教育学[M].上海:复旦大学出版社,2019.

三、高职学生心理健康教育的原则

高职学生心理健康教育的原则主要包括以下几方面(图1-9)。

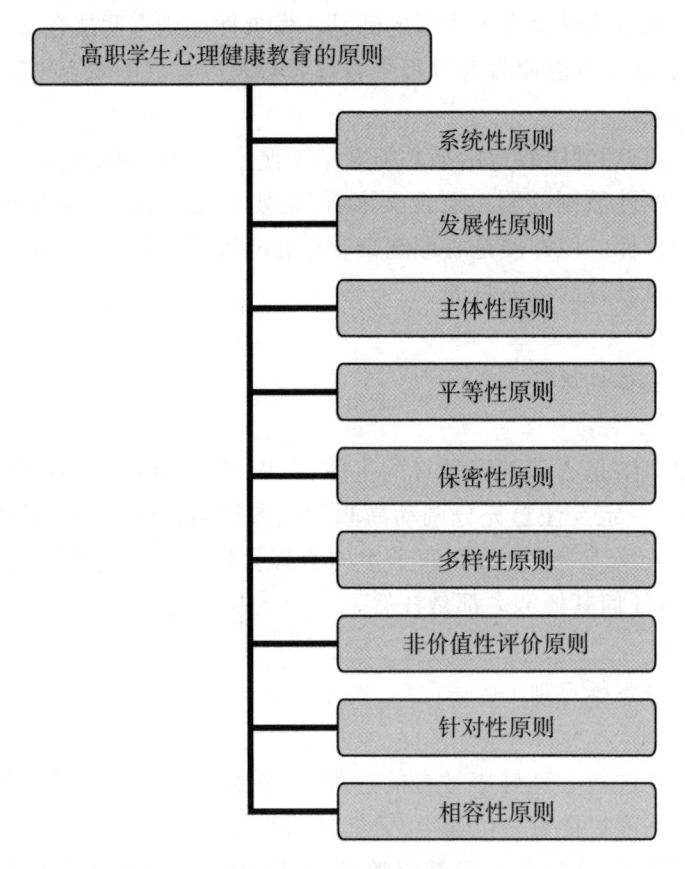

```
高职学生心理健康教育的原则
├── 系统性原则
├── 发展性原则
├── 主体性原则
├── 平等性原则
├── 保密性原则
├── 多样性原则
├── 非价值性评价原则
├── 针对性原则
└── 相容性原则
```

图1-9 高职学生心理健康教育的原则

(一)系统性原则

高职学生的心理具有系统性的特点,他们的心理过程、心理特征以及心理倾向是相互影响的,生理因素和心理因素也是一个有机整体,因此,不能孤立、静止地看待高职学生的心理健康问题,而应该遵循系统性原则,从总体出发。

（二）发展性原则

发展性原则是指在学校心理健康教育工作中，教师要注意以发展变化的观点来看待学生身上出现的问题。发展性原则有两层含义。

第一，在心理健康教育过程中教育者必须以发展的观点来看待高职学生的心理。

第二，心理健康教育活动必须立足于促进人的心理发展。

从发展性原则的第二层含义来看，是要全面地、正确地理解心理健康教育的目标。但即使是心理健康者也有心理品质的高下，唯有发展才是心理健康教育的最高目的。

（三）主体性原则

高职学生是心理健康教育的主体，所以，学校在进行心理健康教育的过程中，一定要注意充分调动高职学生参与的积极性与主动性，只有高职学生充分参与进来，高职学生的心理健康教育才能取得理想的效果，否则做任何其他努力都是枉然。

（四）平等性原则

学校在进行心理健康教育的过程中，教师一定要遵循平等性原则，用平等的态度对待每一位学生，尤其是那些心理上有一定问题的高职学生。研究表明，在进行心理健康教育的过程中，教育者与受教育者之间建立一种相互信任的关系是营造和谐心理教育氛围的前提，也是心理健康教育取得较好效果的关键之一。

（五）保密性原则

保密可以说是对心理咨询与治疗工作者的一项基本而普遍的要求，也最能体现心理学工作者的职业道德。保密性原则同样适用于学校的心理健康教育，保密既是教育者与受教育者双方建立相互信赖关系的基础，又关系到学校心理健康教育工作的声誉。

（六）多样性原则

心理健康问题是复杂而多样的,因此,心理健康教育在形式上应该是灵活多样的,在内容上应该是开放的。为此,在实施心理健康教育的过程中,教师除了注意形式上要富于变化以外,还应注意鼓励、引导学生表达不同的内心体验、感受和看法,并充分肯定其合理性。

（七）非价值性评价原则

心理学中有一种"自我证实循环"理论,这种理论认为,当我们对某人形成了某种看法时,我们就可能以某种态度来对待他。事实上,原来的"聪明"学生和"愚笨"学生的分类是随意选择的,他们在能力上并没有什么真正的差异。测试的目的,仅仅是为了联系学生实际心理,实施有效的心理健康教育。心理健康教育承认心理发展有先后之别。一切受教育者的心理状况都能得到良好的发展。

（八）针对性原则

针对性原则是指在进行心理健康教育过程中,教育必须根据学生的身心特点和规律,有针对性地对学生实施心理健康教育。具体体现在以下几个方面。

第一,要与学生的年龄特点相结合。
第二,要与学生的性别相结合。
第三,要与学生的个性特点相结合。
第四,要结合学生的表现特点,有针对性地进行教育。
第五,要结合学生的发展特点,做好预防性教育与引导。只有根据不同阶段的发展特点,对学生进行教育和引导,才能做到防患于未然。

（九）相容性原则

这一原则是指在心理健康教育过程中,教育者（教师）和受教育者（学生）在人格上是平等的,在情感上是相容的。贯彻相容性原则要尊重学生,淡化教育与受教育的痕迹。心理健康教育要想实现促进人的心理发展、开发人的潜能的目的,首先要求教育者必须对学生心理发展的实际状况有一个比较清楚的了解,这就要求教育者主动接受受教育者,设身处地为他们着想,并待以真诚的关心和爱护。创造师生间最佳的"心理场","心理场"主要由师生之间的心理相互影响构成,它对心理教育效果的作用是不可低估的。彼此认知共识、情感融洽、行为相似,这种相容的人际关系,有利于师生之间最佳"心理场"的形成,对学生心理的发展无疑具有促进作用。

四、高职学生心理健康的意义

高职学生心理健康具有重要意义,概括来说主要包括以下几方面。

(一)有助于为高职学生创造良好的成长氛围

从改善校园心理环境的角度来看,对高职学生进行心理健康教育可以形成良好的校园氛围,为学生创造生动活泼的成长条件。高职学生的心理健康教育可以采用人物模拟、成长小组、情境分析等多种方式进行,这些方式可以有效调动高职学生参与的积极性和主动性,营造出良好的成长氛围。

(二)有助于发挥高职学生的个性能力

每个高职学生都有独特的人格特点和思维模式,对于个体本身及教育者而言,应该遵从个体特点采取合适的教育方式方法。在高职院校开展心理健康教育工作,采用能力测验、人格测验、学绩测验等标准化的测量手段,对学生进行心理诊断,并由辅导人员对学生提供个别帮助,这无论是对加强课堂教学的针对性,还是增强教书育人的实效性,都具有积极意义。

(三)有助于高职学生更快地适应社会环境

高职学生早晚都要步入社会,经受社会的挑选和考验。对于生活阅历很短、社会经验不足、对社会应激变化的心理准备不充分的高职学生来讲,要更加注重心理品质的修养,加强和提高自己的心理健康水平,准备接受市场经济的挑战和锻炼。

(四)有助于高职学生克服依赖心理

在进入高职之前,想象的校园总是和现实中的不太一样,学习和生活环境的变化会导致一些高职学生很难适应。因此,高职学生必须要时刻注意自己的心理健康状态,克服以往对家长的依赖性,增强自己的独立自主意识,积极主动地去适应高职校园的生活。

(五)有助于高职学生形成良好的学习环境

人的生活环境包括自然环境和社会环境。自然环境即气候、地理及其他物质条件;社会环境即家庭、学校邻里、工厂、工作单位等环境。自然环境为人的身体和心理发展提供物质条件,如氧气、光线等,并且通过影响脑功能而制约心理的发展,但影响心理发展的主要因素是社会环境。人的心理发展是在遗传素质影响的基础上,通过环境特别是社会环境的作用得以实现的。校园良好的环境,一方面需要学校和社会加强校园环境的优化和建设;另一方面,也是更重要的方面,是靠高职学生自己去培养和营造。如果高职学生的心理是健康的,情绪是积极稳定的,没有不必要的心理负担,那么就容易在校园里形成浓厚刻苦的学习氛围、和谐亲善的人际关系、彬彬有礼的言谈举止、朝气蓬勃的精神面貌、丰富多彩的文化活动,这些都会大大优化高职学生的学习环境。相反,如果高职学生普遍精神状态不佳,没有远大的理想和目标,学习没动力、情绪低落,人际关系紧张,必然影响他们的学习成绩和成才质量,也就必然无法形成良好的校园学习环境。由此可见,学习环境能影响高职学生的心理发展,健康的心理也有助于形成高职学生良好的学习环境。

(六)有助于提高高职学生的综合素质

高职学生综合素质的形成,在很大程度上受到高职学生心理素质的影响,自主人格、创造意识、适应能力、人际交往能力的形成要以心理素质为先导,在复杂的社会环境中,每个人都应该保持良好的心理适应能力。所以说,高职学生综合素质的强弱主要取决于其心理素质的高低,以及高校进行高职学生心理健康教育成功与否。

第二章　高职学生的适应心理问题研究

在进入高职学校之前,不少学生的饮食起居由父母操办,强烈的依赖心理根深蒂固。进入高职学校后,有的学生一时出现了各种各样的适应问题。在遇到这些问题时,他们常常束手无策,郁郁寡欢,经常导致学生出现痛苦、不安等焦虑的情绪,并且引发一系列的心理问题,如何解决这些问题成为高职新生的重要课题。如果处理不好,将会对高职学生的心理产生消极影响,所以,应及时对高职学生出现的适应问题进行适当指导,以保证其健康成长。

第一节　适应的内涵

一、适应的含义

适应是一个人通过不断调整自身,使其个人需要能够在环境中得到满足的过程,适应也是自我与环境和谐统一的一种良好的生存状态。适应是人的一种基本需要,是人的一生中随时都要面临的任务,也是人应当具备的一种基本素质。

二、适应的类型

从适应的方向上看,可以将适应分为积极适应和消极适应两种类型(图2-1)。

```
        适应的类型
        /       \
   积极适应    消极适应
```

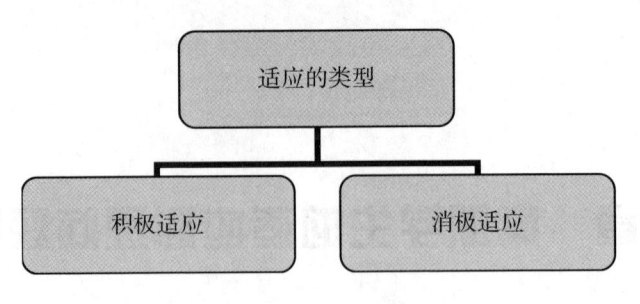

图 2-1　适应的类型

(一) 积极适应

积极适应是个体在客观环境中主动调整自己不适应的一部分,从而使自己适应环境,在环境中得到更好发展。每一个个体在客观的环境中都可能会出现适应问题,但一旦意识到自己出现了这方面的问题之后,个体如果可以对自身的条件和环境的特点认真分析,并且能够从环境中找到自己的发展目标和途径,就可以说个体在积极适应,积极适应应该具有开拓性和创新性的显著特点。

(二) 消极适应

消极适应是指个体与环境的消极互动过程,在这一过程中,个体在现实的客观环境中遇到了适应问题,但对于这一问题,不但没有积极去面对,反而是消极对待,既不认真分析自身的原因,也不想办法使自己努力融入环境,结果导致不适应的环境影响了自己,而自己却没有发挥对环境的能动作用。个体在遇到适应问题后,如果采用消极适应的态度是一种退化。

三、适应的心理过程

适应的心理过程如图 2-2 所示。

第二章　高职学生的适应心理问题研究

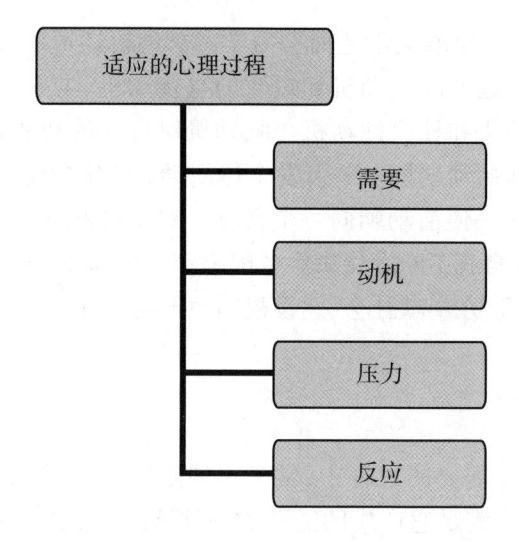

图 2-2　适应的心理过程

（一）需要

需要是人类对维持和发展个体生命及种族延续所必需的条件以及相应的社会生活反应，也是有机体内部及周围环境的某种不平衡状况的反应。人的一切活动都是为了满足需要。

适应的过程是从需要的产生开始的，当个体的发展水平与其新的需要之间产生矛盾时，人们的各项发展就有了动力，需要本身的产生也离不开外部刺激。实际上，适应本身也是一种人的需要，是人一生中必须的一种需要。

（二）动机

动机是在需要刺激下促使人们去行动的内在动力，是推动和维持人活动的动因。动机激发一个人开始进行某种活动，它使行动排除其他干扰，朝着特定的方向、预定的目标进行。动机可维持一个人的行为，直接达到某个目标，而达到某个目标的喜悦反过来又强化该动机，反之可能会弱化该动机。人的动机是多种多样的。根据动机的引发原因，可分为内在动机与外在动机。内在动机指由内在因素引发的活动动机，如高职学生为掌握知识而努力学习；外在动机指由外在因素引起的活动动机,如高职学生为争取奖学金而努力学习。动机还可以分为合理动机和不合理动机、长远的间接动机和短暂的直接动机、主导性动机和辅助性动机、生物性动机和社会性动机。就动机对行动的功能而言,主要表现在三个方面,即始动功能——引发个体活动;强化功能——维持这种活动;导向功能——使活动朝向一个目标。对于高职学生来说,应确立以学习为主导、以自我不断发展来服务国家和人民,同时适当满足以个人需要为目的的动机,在奉献社会、建设祖国中不断完善自己,实现自我价值。

(三)压力

人们在满足需要的过程中,常常出现阻碍,即个体如果不能利用现有的习惯机制来满足它产生的需要的种种情况。面对各种阻碍,人们便会产生压力感及不同程度的心理冲突,表现为紧张、焦虑等负面情绪。在现实生活中,生活的压力主要源于三个层面。

第一,生活改变,包括个人日常生活秩序发生的重大改变。

第二,生活琐事,包括家庭经济、工作职业、身心健康、生活环境、时间分配、生活保障等方面的问题。

第三,心理因素,属于个人内在的心理困难,也是形成生活压力的重要原因,而挫折和冲突是其中最重要的。

(四)反应

在心理学中,由外界刺激引起的生理、心理和行为反应称为"应激反应"。反应主要由以下几部分构成(图2-3)。

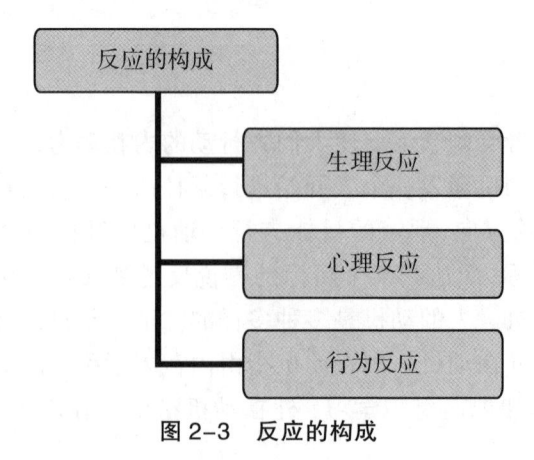

图2-3 反应的构成

1. 生理反应

面对生活中不同的压力,在遇到突如其来的威胁性情境以及各种各样的紧张刺激,个体会集中出现一系列的生理变化:如压力影响儿茶酚胺类激素(肾上腺素和去甲肾上腺素)的释放,出现心率加速、呼吸加快、血压升高、血糖升高等生理上的变化。上述的应激反应是个体在短时压力下产生的生理反应。如果压力情境持续存在,有机体在给定的时间内会以相同的生理模式做出反应,包括警觉反应阶段、抗拒阶段、衰竭阶段。个体一旦进入衰竭阶段,将出现适应能力丧失、筋疲力尽,最终陷入崩溃状态。

2. 心理反应

生活压力引起的应激状态下的心理反应有两种。

第一,适度反应,如注意力集中、情绪的适度唤起、思维敏捷等。这些反应将有利于机体对传入信息的确认和评价,并能迅速做出决策,提高机体对环境刺激的适应能力,更好地适应环境的变化。

第二,过度的心理反应,如烦躁、抑郁、愤怒、憎恨、焦虑、恐惧等,这种情绪会妨碍人的准确思考和判断,使人出现认知能力下降、自我意识不清、语言不完整等反应,是一种严重的不适应状态。

3. 行为反应

行为反应有直接和间接之分。

(1)直接的行为反应

直接的行为反应指直接改变所面临的环境刺激,以消除引起问题的刺激,如在突发紧急情况下出现的斗争和逃避反应。

(2)间接的行为反应

间接的行为反应不是直接解决引起问题的刺激,而是产生变相依赖、反常动作增加和替代性攻击三种行为倾向。

①变相依赖

变相依赖是个体在应激状态下通过吸烟、饮酒或饮食等行为来面对环境,从而在心理上获得一种暂时性的满足感。

②反常动作增加

反常动作增加是一些人在应激状态下,经常表现出来的动作。

③替代性攻击

替代性攻击指个体为了减轻应激威胁,而选择某种替代目标进行发泄、攻击的行为倾向。

四、高职学生适应的内容

概括来说,高职学生生活中的变化主要包括以下几种。

(一)生活环境的变化

高职学生会面临远离父母自己料理生活、集体住宿自己安排作息、生活消费自己计划开支、看病买药自己判断做主、出门办事自己应对困难等新的变化。

(二)学习方面的变化

高职学生在学习方面发生了许多变化。例如,学习内容从固定知识向专业技能转变。高职的学习不仅在学习教育的主导方式上由被动学习转变为主动学习,在学习内容上也发生了很大变化。中学时期,在应试教育的主导下,学习的主要内容为固定的书本知识,而进入高职学校后,学生面对的是一个学科,学习更注重专业性,需要学生在大量观点及理论研究成果的基础上有计划性、针对性地进行研究性学习,习得专业技能,提出自己的观点,培养科学研究的能力,甚至有所创新。另外,对于高中学生来说,学习成绩几乎是唯一的衡量标准,优异的学习成绩几乎是他们全部价值的体现和最高追求。而对于多数高职学生来说,学习成绩只是衡量的标准之一,学习在高职学生个人发展中的地位明显下降。除了学习外,人际交往能力、社会工作能力、创新创业能力、特长专长等,都是评价高职学生的重要标准。

(三)自身角色的变化

自身角色的变化主要表现在以下两个方面(表2-1)。

第二章 高职学生的适应心理问题研究

表 2-1 高职学生自身角色变化的主要表现

主要表现	具体阐述
从家庭角色到社会角色的转变	进入高职学校之前,家庭角色在大部分学生的生活中占主导地位。走读的学生日日生活在家庭之中,非走读生也不过十天半月至数月就可回家一次。然而进入高职学校之后,大部分学生在异地求学,与家庭的紧密联系逐渐被削弱,校园生活、社会生活成为其生活的主要部分。那个以往被父母、长辈保护着的"孩子"开始告别依赖,走向独立
从中心角色到普通角色的变化	我国大多数大学面向全国招生。许多新生入学之后会发现,班级中同学来自五湖四海,也许每个人在过去都是家长的掌上明珠,是同龄人中的佼佼者,但是,跨入高职学校校门后,学习成绩、综合素质比自己优秀的大有人在,很多同学在中学时期的辉煌和优势不再显现。当初众星捧月的优越感已然无存,这就引发了一系列的不平衡,如人际交往不知所措、心理顿感落差等

(四)人际关系的变化

人际关系变化主要表现在以下两个方面(表 2-2)。

表 2-2 人际关系变化的主要表现

主要表现	具体阐述
人际交往的对象发生了变化	中学时代的人际交往对象主要有同学、教师、亲人,而进入大学后,由于生活领域的扩大,他们的人际交往对象有同学、教师、异性,有时还需要和社会中的人建立一定的人际关系。另外,从各地来的高职学生,他们素昧平生而被分配到了一个宿舍中生活,他们的脾气、生活习惯等各不相同,很多高职学生出现了不适应的情况
人际交往的要求发生了变化	进入高职学校后,面对新的交往对象,高职学生要独自运用自己的方式去进行人际交往,人际交往的社会性逐渐提高,高职学生们由于生活在了一个新的环境中,所以他们迫切需要建立新的人际关系。但很多高职学生由于缺乏人际交往的技巧,经常出现人际交往问题,这些问题如果处理不好,会对高职学生的身心健康造成不良影响

(五)管理环境的变化

相对于中学时期在学校有老师的严格管理、事事由老师安排,在家有家长的严密监督,大学阶段则更强调学生自我管理、自我教育、自我服务和自我约束。总体来说,大学的管理氛围是外松内紧的。所谓外松内紧,主要是指高职学生中的各种管理,就其形式来说看起来很轻松,有一定的自由度,但其实质上更为严格。这种严格不仅来自他律,更重要的是来自自律。中学时代也有压力,也可以感受到学校的管理,但是这种管理是外力型的。同时,大学的教学管理和生活管理也与中学阶段有了很大的差异。大学的教师不像中学的教师那样管得具体、细致,大学辅导员虽然也关心学生的日常生活、起居事宜等,但是他们的职责更多的是通过指导、组织学生开展多种多样的活动,培养与发展学生自立、自主、自理的精神。

五、高职新生心理适应与心理健康

高职学生新入学的时期是一个特殊时期,是从单纯的学生角色向学生角色为主兼多种角色转变的重要时期。在这一时期,高职新生适应过程中的角色冲突被看成是高职新生心理健康水平的重要指标,良好的适应能力是高职新生心理健康的基础。高职学生个体的心理适应能力在一定程度上反映了其心理健康的程度,通常来说,心理健康水平高的高职学生,其行为就越能符合正常的规律,就越能采取积极健康的方式来适应遇到的各种问题,反之,心理健康水平差的高职学生不能对出现的适应问题正确看待,对于出现的各种问题也往往采用消极的态度,表现出对环境的明显不适应,也更容易出现一些心理问题。

第二节 高职学生常见的适应问题

概括来说,高职学生常见的适应心理问题主要包括以下几方面。

一、学习适应不良

高职学生学习适应不良主要表现在学习动机缺乏、考试焦虑、学习方法不当三方面。

第二章　高职学生的适应心理问题研究

（一）学习动机缺乏

我们经常看到这样的现象，一些中学时学习比较勤奋刻苦的学生在进入高职学校后，整个人便松懈下来，有的人也想把学习搞好，但又总提不起劲，拿起书便觉得厌倦，这便是学习动机缺乏。

（二）考试焦虑

考试焦虑的主要表现如下。

1. 过度考试焦虑易分散注意力

干扰回忆过程，阻碍思维过程，造成考试能力的下降。

2. 过度考试焦虑对心理健康的危害

这使人情绪难以稳定，终日焦躁不安，或郁郁不乐；严重者还会走上自伤的道路。

3. 过度考试焦虑对身体健康的危害

过度考试焦虑的长期持续，可导致大脑神经活动兴奋与抑制功能失调，形成多种类型的神经症精神疾病。另外，易导致如冠心病、胃溃疡、胃炎、甲状腺机能亢进等疾病。

（三）学习方法不当

学习方法不当的主要表现如下。
第一，学习无计划，看什么，做什么，学什么，心中无数，整天忙于被动应付作业和考试，缺乏主动的计划安排。
第二，不会科学利用时间，加班加点但忙不到点上，效果不佳，或平时不抓紧，临考试手忙脚乱。
第三，不求甚解，死记硬背。
第四，不能形成知识结构，没有使所学知识形成有序的框架结构、形成系统。

第五,不会阅读,不善于选择阅读书目,无阅读重点,无阅读方法。

第六,抓不住学习上的重点和难点。

第七,不善于科学用脑,不注意劳逸结合。

第八,不善于把理论与实践相结合,不会学以致用。

第九,不会听课,课前不预习,课上开小差,不记笔记,或充当录音机角色,全记上,课后不及时复习总结。

二、社交适应不良

社交适应不良是当前高职学生经常出现的问题,但大多数是轻度的障碍。轻度社交障碍是社会适应水平低下的表现,不能视为心理障碍,只有严重的社交障碍者才属于本型心理缺陷。高职学生社交适应不良主要表现在以下几方面。

第一,缺乏人与人之间接触交谈等主动交流的心理能力。在人前面红耳赤、目光紧张、心跳加快、讲话吞吞吐吐,难以自我控制等。

第二,通常他们的性格表现为内向、文静、胆小、多虑、不合群。

第三,智力不低,工作和学习能力并不减退,有时还超过一般人。除了社交和情感障碍外,无其他心理行为异常表现,不影响一般生活能力。

三、人际关系方面的不适应

进入高职学校后,面对全新的面孔,高职学生渴望重新建立良好的人际关系,获得友谊,但高职学校的学生来自天南海北,他们的生活方式等存在较大差异。在人际交往的过程中,他们通常彼此在试探,加上缺乏人际交往的技巧或者由于性格内向等,很多高职学生往往难以与他人建立良好的人际关系。在这种情况下,他们就很怀念自己的中学时代,频频地与中学时代的同学和老师通电话、视频等,希望从中得到心理安慰,如果长时间人际交往出现问题,高职学生很可能出现厌恶高职生活的情况,也会出现一系列心理问题。

第二章　高职学生的适应心理问题研究

四、时间管理方面的不适应

高职学生进入高职学校之后,他们无论是在思想上还是在行为上都出现了一定松懈,认为自己以后不必再奋斗和刻苦,于是渐渐失去了努力的目标,缺乏前进的动力,他们将大量的时间用来娱乐和上网。当期末考试来到时,他们又发现自己什么也没学会,不知如何考试,于是又出现了焦虑和紧张的情绪。

五、其他适应问题

（一）理想与现实的差异导致困惑失望

很多高职学生在入学之前,都把高职生活想象得完美无缺,而对高职学校艰苦的学习和简朴的生活,则缺乏必要的思想准备。当进入高职学校之后,就会发现现实生活中有许多不完善和不尽如人意之处,与期望形成强烈的反差,从而使他们困惑、迷惘,产生了失望感,情绪消极、低落。理想与现实的差异还表现在专业学习方面。没有进入高职学校之前,许多学生都把自己所学的专业想象得很有趣,认为自己选报的专业完全符合自己的需要。但当入学之后,特别是学习一段时间之后,发现自己的专业并非原来想象的,于是不安心学习本专业课程,甚至对自己的专业产生了反感和厌恶的情绪,最终由于产生失望导致严重的情绪障碍。

（二）自豪感与自卑感的矛盾

由于多数新生对高职生活不适应的思想准备不充足,一有挫折,那种盲目的自豪感、自信感也就随之消失,转而产生了自卑感和焦虑情绪。每个高职学生迈入高职学校之后,由于学习环境和学习方式的变化,需要他们调节自己与环境的关系,调整自己所处的位置,达到"角色转换"。实际上,在社会生活日新月异的新时代,自卑者只有走"超越自卑"的道路,才不致成为时代的"弃儿"。面对新的竞争,下定决心,想方设法克服困难,坚定地赶上去,做一个强者。

(三)强烈的求知欲与认识水平有限的矛盾

高职学校是一个信息密集并交汇作用的地方,政治信息、经济信息、科技信息、文化信息、专业信息及其他各种信息在这里传播着,这使高职新生从原先的信息封闭状态跃进到信息的开放状态,从读书的不自由到自由、从书籍的匮乏到书籍的丰富,这一切给他们带来了巨大的喜悦,对他们产生了强大的诱惑力,同时更进一步地激起了他们强烈的求知欲。但是,由于高职学生的认识水平有限,思想方法比较简单,往往对所接触作品观点的真与伪、精华与糟粕难以作出正确的分辨。如有的学生在读西方哲学书籍时,总是把比较新鲜的或者符合自己观点的视为真理,甚至用以指导自己的思想和行动。有些人根据个人的喜好随意地读书,不管书的内容是否与他的专业有关,是否对他有益,只要适合自己胃口的便拼命地读,不合自己胃口的便不加分析地排斥。近年来,在高职学生中不论是高年级还是低年级,在阅读书刊中把"糟粕"当"精华"吸收的大有人在,这影响了他们的情绪,影响了他们的心理健康。

第三节 高职学生良好适应心理的培养

一、学会主动学习和自学

高职新生要逐步学会主动学习以及学会自学。具体来说,应注重提高以下几个方面的能力。

(一)健康的心理素质

高职学生毕业后从事的很多职业都需要和人打交道。所以,只有个性积极向上、乐观自信、活泼开朗,善于与人交流和沟通,才有亲和力和好人缘,才能适应各项工作的要求。相反,如果个性消极低沉、不善于与人交流和沟通,则不容易受人欢迎,也会影响就业和工作的发展。因此,高职学生一定要把培养健康的心理素质作为一项重要任务来完成。

（二）扎实的专业基础

在高职时期，高职学生要努力提高自己的综合学习能力，还要正确对待专业课、公共课和选修课。对专业课的学习，应目标明确具体，主动克服各种学习困难，不断提高学习兴趣。用人单位通常是按照所在行业的专业特点选拔毕业生，因此，反映在个人履历表中的所学专业课成绩的优良程度，就成了又一项重要的量才标准。

（三）丰富的基础知识

高职学生在校学习的往往是某一门专业的学科知识，因此，学生既要有扎实的专业基础知识，又有邻近专业的相关知识；既有理科方面的数理逻辑知识，又有文科方面的文化历史知识；既有熟练的计算机操作技术，又有流畅的外语口语表达能力。像这样能做到一专多能、文理兼容的复合型人才非常受欢迎。

（四）正确的学习方式

高职学生的学习方式往往是教师领进门，做启发性的指导和答疑解惑，大量的时间要靠高职学生自己去支配和决策，什么时间应该学习什么，应该花费多长时间学习课堂知识，又应该用多长时间自己去查阅资料、补充笔记和课余思考。在实施学分制的学校，学生还可以根据自己的学习能力和时间安排，自我确定学习的相关内容和课程。因此，高职学生都应该养成制订学习时间表、学习计划及学习效果评估等良好的学习方式。

（五）较强的动手能力

动手能力也叫实践操作能力，是从事任何一种专业性工作必备的素质。如果只是会背书本上的概念和理论，不会解决实际问题，就无法胜任工作。因此，高职学生一定要克服只重理论知识而轻实践操作的观念。

二、正确认识自我

认识自我,正确评价自己和别人,合理的自我定位,完整的自我意识是调整角色、取得自我心理平衡、适应社会环境、搞好人际关系的前提。因为自我评价过高,容易引起别人的反感;自我评价过低,会产生自卑心理,导致离群孤独,失去自信。当认识自我、调整角色有困难时,可以向班主任、辅导员、心理咨询老师求助,也可以听听老乡、同学的意见,但主要靠自己独立思考,进行自我心理调整。

三、积极认识主客观环境

高职新生入校后,角色和环境都发生了变化,在新的角色和环境面前,应该正确认识客观环境、合理调控自己的情绪,恰当地确立新的目标,为适应新的角色和环境创设良好的主客观条件。正确地认识客观环境对一个人的心理发展有着重要意义,如果不能正确认识环境就难以适应环境,就会产生一些与环境格格不入的心理,长此下去,容易出现心理障碍或疾病。高职学生都生活在具体环境中,并接受其影响,人与环境除了一致的、协调的关系外,还有矛盾的、冲突的关系。而在人的一生中,人与环境的矛盾、冲突往往是无法避免的。高职学生们当然希望有一个良好的育人环境,但是,校园毕竟不是"世外桃源",所处的社会环境也不会尽善尽美,因此我们不能奢望有一个理想化的环境。

四、培养良好的生活方式

良好的生活习惯是保证高职学生健康成长的重要方式,为了达到这一目的,高职学生从进入大学就应该开始重视这一问题,养成良好的生活方式。

(一)形成良好的卫生习惯

现实生活中的很多高职学生既不注意公共卫生,也不注意生活卫生,他们经常随地吐痰、乱扔垃圾、不打扫宿舍卫生,也没有养成早晚刷牙的好习惯。时代赋予了高职学生新的时代使命,对高职学生提出了更高的素质要求,当然也包括良好的卫生习惯要求,试想,高职学生如果连最起码的卫生习惯都没有养成,又如何去为社会做贡献。因此,高职学生应该从小事做起,养成良好的卫生习惯,明确目标、振奋精神,从一点一滴做起,努力成为社会需要的合格人才。

（二）养成良好的饮食习惯

饮食不良现象在高职学生中比较普遍,主要表现在以下几个方面。

1. 饮食不规律

大学的课程安排没有中学时代那么紧凑,有时十点多才有课,于是很多高职学生早上贪睡,根本来不及吃早饭就去上课,还有的在路上随便吃几口,这对高职学生的身体极为不利。

2. 不懂营养搭配、荤素搭配

高职学生离开了父母的管束,有了更多的自由,所以他们经常完全根据自己的喜好来吃饭,想吃什么就吃什么,想吃多少就吃多少,想吃就吃,不想吃就不吃,他们完全不考虑营养搭配、荤素搭配。

3. 暴饮暴食

高职学生主要在食堂就餐,食堂吃饭的时间是比较固定的,有些高职学生由于一些事错过了吃饭时间,于是他们就随便吃点东西,等到下顿饭的时候就暴饮暴食。

对于以上不良的饮食习惯,高职学生一定要纠正,逐步形成良好的饮食习惯。

（三）培养健康的生活情趣

现代医学研究表明,持续的心理紧张和心理冲突会造成精神疲劳,免疫功能下降,容易发生疾病。要做到心理健康,应该"以动养静",培养健康的生活情趣。如学习时专心致志,学习之余,寄情于一技、一艺、一诗、一画、一花、一草,凝神定志。要做到心理健康,就更应该培养一份健康的生活情趣,积极上进、认真学习,提高自身综合素质和能力。

（四）休闲娱乐要有益

高职学生的休息娱乐活动应以调整大脑、锻炼体魄、增进修养为主旨,以丰富多彩、高雅文明为特点,摒弃那些既无锻炼意义又无修养意义的不良休息娱乐方式,可以多参加各种课外兴趣小组、社团活动、文艺活动等,使自己在科学合理的原则下得到休息和调整。

（五）坚持锻炼

坚持锻炼身体不仅可以使肌肉发达、关节灵活,增强心血管功能、促进生长发育,而且还可以提高中枢神经系统的反应能力,使人反应灵活、适应变化、消除疲劳、减轻精神压力,同时也会使人感觉敏锐,增强观察力、注意力、记忆力的发展,提高思维的敏捷性和灵活性,从而具有自信,保持乐观开朗的情绪。

（六）兴趣广泛

高职学生在学习之余应培养和发展多方面的兴趣,参加一些有意义的活动。比如,参加社团活动和社会实践以丰富自己,多听演讲报告以充实自己等,这些活动不仅可以使单调的生活得以调剂,而且还会增加生活乐趣、焕发精神。同时,参加有兴趣的活动还可以得到他人的接纳与认同,获得朋友的支持与帮助,满足社会交往等精神需要。

五、建立和谐人际关系

高职学生可以从以下几个方面着手处理好人际关系。

（一）培养自信,友好交往

某些高职学生之所以不能采取主动交往的方式,主要是因为缺乏自信,担心遭到拒绝,实际上,人一生下来就是社会性的,人际交往是相互的、交往的过程,人际关系中,双方都需要适应,需要人际关系支持。

（二）相互理解,学会批评

每个人都是要面子的,所以不要轻易去批评他人,但当他人损害了我们的利益时,需要指出,使其改正。需要注意的是,批评也是要讲究技巧的,要想达到批评的效果,就必须减少对方的防卫心理,如果对方出现了防卫心理,就有可能出现下列几种情况。

第一,如果是在公共场合下,对方很可能首先意识到的是自己的自尊受到了损害,而不是自己对别人已经犯下了错误。

第二,涉及人格与能力的时候,比起一些具体的言行来,人们往往更看重自身的人格和能力。

第三,涉及既往的事件,一两件事可能是偶然情况,但许多事件就可能是人品问题,所以,翻旧账就等于在贬低对方的人品。

因此,在批评的时候,要记住,尽量不要在公共场合,要对事不对人,不要翻陈年旧账。

如果在欣赏与感谢对方某种好的品质基础上再提出善意的批评,效果会更好。

（三）热情待人,相互尊重

热情是最能打动人、对人最具吸引力的特质之一。一个充满热情的人很容易以自己的良性情绪感染别人。一个面带微笑的人很容易被他人接纳。要热情待人还需从心里对他人感兴趣,真心喜欢他人,尊重他人,因为人们更容易喜欢那些对自己感兴趣的人。尊重别人,还要让他人保住面子。

（四）赞赏别人,注意倾听

很多高职学生由于容貌、见识、家庭环境等会出现一定的自卑感,他们需要得到同伴的认同和鼓励,一句发自真心的赞美可能会使他们非常高兴,自信心也会得到极大提高。真心真意地赞美他人可以增加彼此之间的友谊,对形成良好的人际关系至关重要。

认真倾听对方的话语,对方可以感受到你的尊重,倾听有助于我们从他人的言语中学到一些有益知识,增长我们的经验,也有利于建立良好的人际关系。当然,倾听不是被动地接收。倾听过程中,有意识地反馈,可以吸引对方的思考,引导对方谈话的方向,使之更符合你的需要。

六、有效管理时间

走进高职校园,高职学生们自主安排的时间较多,能否合理安排时间,直接影响到学习任务的完成。所以,高职学生必须树立一种时间观念,做好时间的规划和管理。

(一)保持激情

在高职学校里,不能失去激情。例如,从一间教室走向下一间教室的时候,就可以听一些关于时间管理的音频资料。这样,几乎时时刻刻都在保持自己的激情。

(二)尽量保持自己的专注态度

每个个体在专注于某项工作时,一定会首先花费一定的时间去进入状态,一旦这个状态被打破,那么个体就需要重新花费时间去进入状态,所以,一旦进入了专注的状态就尽量保持,避免由于被打破而重新花费时间进入状态。

(三)每天保证至少 30 分钟的锻炼时间

经常进行体育锻炼对于保持足够的精力和清醒的头脑非常重要。例如,每天去上课时都需要穿过校园走一段时间,身上背着一个装满了课本的书包,也是一种锻炼。

（四）强度大的事情一次只能做一件

第一，集中精力于每件事情，并且在学习的时候保持高效。

第二，如果在不同任务之间相互切换会耗费大量的时间，因为每次都必须花时间重新适应一次。因此，一次只做一件强度大的事情会节约大量时间。

（五）简单的事可以同时做

例如，每天早晨洗漱时间和吃早餐的时间可以用手机等工具背外语单词和课文，这样，每周可以记一到两篇课文，时间久了你就会发现，自己在做这些不费脑子的事情的同时，又学到了很多知识。

（六）每周用一天时间放松自己

在学习方面过度专注并且以牺牲业余生活为代价，从长远来看是有害的，我们需要维持各个方面的平衡，所以，每周需要用一天的时间来放松自己，使自己拥有一个健康的身体。

七、学会调节

（一）积极暗示

主要通过自我内部语言或文字的形式来激励自己，调节自己的情绪，增加自信心。

（二）学会遗忘

克服恋旧心理，要面对现实，积极参与到现实的群体中去，学会忘掉不愉快的事情。

（三）转移和升华

把消极的情绪转移到积极方面，从不适应的失败、挫折中吸取教训，把时间和精力升华到学习、工作和有社会意义的活动中去，既转移了痛苦的感受，也有可能得到成就感的体验。

（四）合理宣泄

第一，可以向亲人、朋友、同学及你认为可信的人倾诉心中的苦恼。
第二，可以参加体育文娱活动、户外活动来宣泄自己的不良情绪。

（五）充分利用各种资源

第一，多与人交往和沟通，争取更多的信息。
第二，多向师长请教，向别人学习。
第三，在自我调整不奏效时，可以到学校心理咨询机构咨询，请心理咨询专业人员帮助进行心理疏导，从中学习到一些调节心理的知识和办法。

第四节　高职学生的适应心理问题及调适

一、高职学生的适应心理问题

升入高职学校，对学生来说也要面对全新的生活，在心理上也难免出现一些不适应，概括来说，高职学生遇到的适应心理问题主要包括以下几方面。

（一）角色适应

在人生的舞台上，每个人都扮演着一定的社会角色。随着所处环境的不同,每个人都不可避免地主动或被动转换着自己所应承担的角色。当个体还没有充分的心理准备和经验准备时,就往往会出现角色适应问题。

高职学生在进入高职学校之前,家长往往包揽了所有本应由学生自己管理的事情,让他们专注于学习,甚至限制了他们正常的社会交往活动和业余爱好。当这些孩子走进校门开始独立生活时,由于缺乏一定的自我管理能力和必要的社会适应能力,面对生活中的各种事情和各种复杂人际关系,往往会表现出强烈的不适应。

(二)社会冲突适应

社会冲突适应主要包括以下几方面(图2-4)。

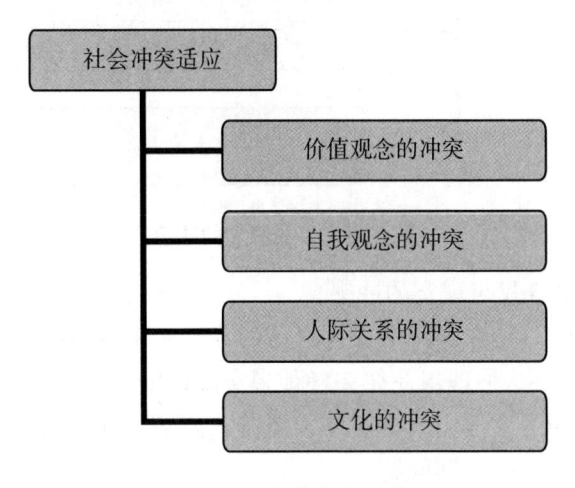

```
社会冲突适应
├── 价值观念的冲突
├── 自我观念的冲突
├── 人际关系的冲突
└── 文化的冲突
```

图2-4　社会冲突适应

1. 价值观念的冲突

高职学生生活的适应和发展受到一定价值观的支配。科学的价值观和价值参考标准使高职学生能够选择现代价值观,在现代生活方式面前观察和分析生活,从而适应生活。

高职学生生活适应和发展困难的一个重要原因就是价值选择困难。由于社会处于转型期,各种复杂的价值观正在迅速传播。这种多元价值观并存的局面,造成了当代高职学生选择价值观的困难。同时,现代化的发展不断打破旧的价值观,而新的价值评价体系仍在不断探索和建立中,导致整个社会价值标准暂时缺位,使高职学生在完善自身价值体系时,失去了社会价值标准的参考和指导,陷入了迷茫、徘徊和不知所措的境地。

2. 自我观念的冲突

自我观念的冲突主要表现在以下几方面(图2-5)。

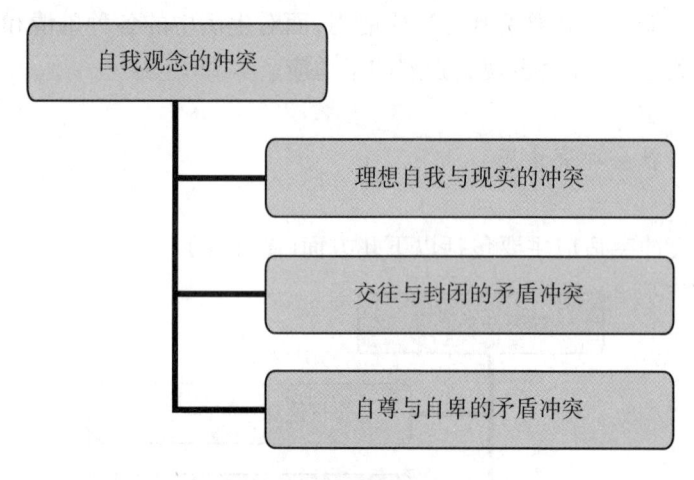

```
自我观念的冲突
├── 理想自我与现实的冲突
├── 交往与封闭的矛盾冲突
└── 自尊与自卑的矛盾冲突
```

图2-5 自我观念的冲突

（1）理想自我与现实的冲突

高职学生总是在脑海中设计自己的美好未来。然而,由于高职学生缺乏实践经验,这种理想往往在各种现实障碍下无法实现。理想自我和现实之间的冲突给他们带来了巨大痛苦。如果这种矛盾不能及时调整,就会导致一系列的心理问题。

（2）交往与封闭的矛盾冲突

高职学生渴望与同龄人建立真诚的友谊,然而高职学生又同时有着自我封闭的倾向,特别表现为人际交往中的矛盾和冲突,这使许多高职学生忍受着内心孤独的煎熬。

（3）自尊与自卑的矛盾冲突

高职学生渴望得到尊重和实现自己,但当他们在竞争中受挫时,又往往容易表现出怀疑和否认自己的自卑心理。这种矛盾让高职学生对未来充满希望,也有些恐惧。

3. 人际关系的冲突

对于正处在学习、成长过程中的高职学生来说,良好的人际交往能力是其将来走向社会的需要。从某种意义上说,人际交往的能力是高职学生社会适应能力的综合体现。市场经济条件下,现代高职学生的竞争意识普遍增强,竞争和对自身利益的关注使得高职学生人际关系的冲突增加,而高职学生适应现代生活的人际交往模式还没有完全形成,这就使得高职学生出现人际关系的冲突。

4. 文化的冲突

西方文化中尊重个体、强调科学、崇尚理性的精神,强烈地冲击着中国传统文化中轻科学、轻个人的价值观念,许多高职学生出现了文化心理的混乱和失衡。

二、高职学生适应心理问题的调适

(一)尽快确立新的理想目标

进入学校以后,高职学生首先应当迅速地由过去的升学目标向现在的成才目标转变。无数高职学生的成长历程说明,在校期间有无正确的目标,直接关系到高职阶段的成长和发展,直至毕业后的前途。要想尽快确立新的理想目标,应做到以下几方面(表2-3)。

表2-3 高职学生确立新目标的依据

高职学生确立新目标的依据	具体阐述
要考虑现实社会的需要	对于高职学生来说,选择目标是为了促进自己更快、更健康地发展,以便将来更好地服务于社会,成为社会欢迎的人才。从这种意义上说,现实社会的客观需要是高职学生选择目标的基础。如果选择的目标脱离了自己生存的社会现实,或者不符合社会的需要,这样的目标就只能是空中楼阁

续表

高职学生确立新目标的依据	具体阐述
要依据高等职业学校的培养目标	学校所培养的人才,应该"有理想、有道德、有文化、有纪律,热爱社会主义事业,努力学习和掌握马列主义、毛泽东思想、邓小平理论和'三个代表'重要思想、科学发展观、习近平新时代中国特色社会主义思想,具有为国家富强和人民富裕而艰苦奋斗的献身精神,具有实事求是、独立思考、勇于创造的科学精神,应该不断追求新知识,努力掌握现代科学文化知识。在这个总的培养目标前提下,各类学校各专业又有自己具体的培养目标。离开了学校的培养目标而盲目地进行自我设计,对国家是一种浪费,对个人也是一种损失
要考虑个人的实际情况	离开自己的实际情况选择目标,往往过高或过低,这对自己都是不利的。因此,选择和确立目标一定要慎重,不可忽视对自身条件认真、全面、充分的估计。高职学生的目标一旦选定,就要全力以赴地追求,锲而不舍地努力,不要轻易放弃

(二)重新找到和摆正自己的位置

在高职生活中,重新找到和摆正自己的位置,主动接纳自己,将会极大地影响高职学生的适应过程。每一名踏进校门的学生都应当认识客观变化了的环境,要从自我满足与优越感中跳出来,要知道以前的所有成绩、荣誉已成为过去,现在面临的将是崭新的、更加艰苦的任务。总之,要以平静的心态去审视一切,以积极饱满的精神去迎接新的挑战。

(三)建立和谐的人际关系

高职学生要认识到,人基本的需要是归属需要,即个人必须生活在集体之中,被集体接受和承认,离开了集体,个体是无法生存与发展的。所以,高职学生应努力从自身做起,遇事多从对方角度着想,给别人以更多的宽容和理解。因为良好的人际关系首先来自双方相互尊重、相互信任的态度。高职学生还要采取积极、主动的方式与同学交往,在实践中发展和改善人际关系。

(四)认清高职生活方式的特点

　　高职生活的最大特点就是要求学生自主独立,高职学生要充分认识学校表面舒缓、内里紧张的生活方式特点,分清高职生活的主次,学会理智地驾驭生活之舟,做生活的主人。努力创造条件,养成有节奏、有规律的生活方式。

第三章　高职学生的自我意识问题研究

高职时期是自我意识迅速发展和确立的阶段,高职学生在这一时期积极地关注自我、探索自我,自我意识决定了他们的智力发展、成就获得,同时也为他们的人格健康发展提供着重要保障。因此,对高职学生的自我意识展开研究,可以帮助高职学生对自己有更客观、更公正的认识,有效地展开自我教育,从而完善自我。

第一节　自我意识的内涵

一、自我意识的概念

自我意识指一个人对自己的认识,即个体对自己的身心状况与特征,自己与他人、周围世界的关系的意识。[1]

二、自我意识的作用

自我意识对个体发展,尤其是心理健康发展来说是十分重要的,其作用主要体现在以下几方面(图3-1)。

---

[1] 张英莉.大学生心理健康教育[M].北京:北京理工大学出版社,2019.

第三章 高职学生的自我意识问题研究

```
自我意识的作用
├── 自我意识影响个体对未来的期待
├── 自我意识影响个体对经验的解释
├── 自我意识影响个体的行为方式
├── 自我意识使个体的活动具有一致性、共同性和独特性
├── 良好的自我意识会提高个体的认识能力
├── 良好的自我意识会促进意志的发展
└── 良好的自我意识是心理健康的重要标志
```

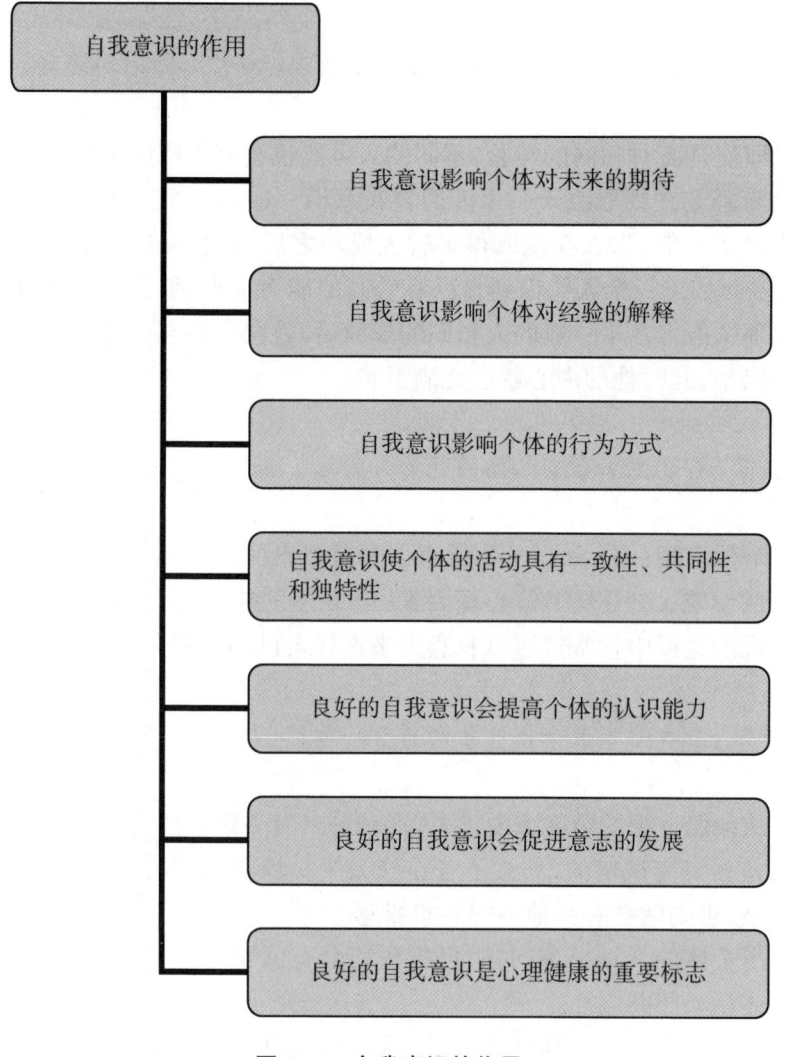

图 3-1 自我意识的作用

（一）自我意识影响个体对未来的期待

个体在自我意识的基础上形成对自己的期望，并且在自我意识的基础上选择今后的行为。心理学研究表明，自我意识影响人们自我期待的水平，自我期待的水平在一定程度上又会影响自我学习的最终结果。心理学上将这种作用称为"自验预言"，即由一定的自我意识引发的期望，使人们倾向于运用可以使这种期望得以实现的行为方式的心理现象。

（二）自我意识影响个体对经验的解释

即使是面对相同的经验，不同的人可能也会有不同的解释。而选取何种解释方式则取决于一个人的自我意识。如果一个人认识到自己的能力水平一般，那么在他取得了较大成功之后，就会表现得十分高兴和满足；而如果一个人认识到自己有较高的能力水平，那么在他取得了与之前那个能力水平一般的人相同的成绩后，就会觉得自己的水平并没有发挥出来，此时他的内心就会充满沮丧。

（三）自我意识影响个体的行为方式

个体实现的行为方式受到两个方面因素的影响：一是受个体所处环境的影响；二是受个体心理因素（包括自我意识）的影响。个体在自我实现的过程中常常按照自我意识来选择自己的行为方式。

（四）自我意识使个体的活动具有一致性、共同性和独特性

从他们自身的角度来说，个体活动是具有一致性的，比如，有人认为经商是要讲究诚信的，那么不管在什么买卖场合，他都会遵守自己诚信的信条，否则就会有一种不安和犯罪感。

当个体的活动出现问题，可能预期会有惩罚时，个体总要寻求与其他个体活动的共同性。

个体不希望自己和他人处处一样，这样自己的个性就体现不出来，因此自我总是要寻求自己活动的独特性。

（五）良好的自我意识会提高个体的认识能力

在实现"理想自我"的过程中，不可能是一帆风顺的，总会遇到各种各样的问题，使个体丧失信心，产生挫折感。这种挫折感会通过个体的自我意识客观地反映出来，此时，个体就会对自己的心理行为进行反省，找到受挫的主客观原因，并重新定位"理想自我"，使其与"现实自我"趋于统一，这就大大提高了人的认识活动效能。人们要想实现"理

想自我",充分发挥自己的才能和机智,就要对自我不断地进行认识。通过对自我的认知,人们才能发现之前活动中存在的不足,才能重新调整自己的认知策略,使认知活动更加完善、更加有效。

(六)良好的自我意识会促进意志的发展

一个人要想取得成功,光有目标是不行的,还必须要对自己的行为进行调节和控制,而这种调节和控制则离不开自我意识。自我意识是实现个人监督的重要力量,是实现自我调节的重要前提。有良好自我意识的人,能够对客观事件形成正确的认识并对其进行合理的规划,在此基础上控制自己的言行,最终达到自己的目的。反之,则碌碌无为,平庸一生。一个人如果能够对自己进行调节和控制,那么他就能很快地适应环境,规范自己的情绪和行为,最终实现自己的目标。

(七)良好的自我意识是心理健康的重要标志

通常情况下,有良好自我意识的人,其心理发展水平都是非常健康的。他们能够正确认识自己、接受自己,及时了解自己的想法和感受,明白自己需要努力的方向、需要达到的目的。只有这样,他们才能保持健康的心理发展水平,才有可能充分发挥自己的才能。反之,则会对个人的身心健康产生不利影响。

三、自我意识发展的理论

(一)威廉·詹姆斯的自我发展三阶段说

美国实用主义心理学家威廉·詹姆斯认为,自我的发展有躯体我、社会我、精神我三个阶段(表3-1)。詹姆斯认为,个体最开始时是从自己的身体知道自己的存在,即躯体我;然后参加各种社会活动,与人交往,从他人对自己的评价以及自己在社会中的地位及作用中来认识到社会我;接着从生活的经验中得到心理的发展,认识到心理的自我,即精神我。

表 3-1　威廉·詹姆斯认为自我的发展阶段

发展阶段	具体阐述
躯体我	躯体我大概在 3 岁时开始成熟，指在人的躯体条件上形成的自我，是个体对自己身体的意识，是自我最原始的形态
社会我	社会我从 3 岁到青年期逐步形成，指被他人了解的个体，即个体对自己在社会关系中的角色意识，主要受他人的看法而影响
精神我	精神我是指个体内在的心理自我，是对自己心理特征，如性格、气质等的意识

（二）我国心理学界的理论

我国心理学家提出了自我意识发展的三阶段模式，即生理自我、社会自我和心理自我的发展模式（表 3-2）。

表 3-2　自我意识发展的三阶段模式

模式	年龄段	描述
生理自我	出生后到 3 岁	在这一阶段，人并不能区分自己和非自己的东西，生活在主客体未分化的状态这一时期的自我意识被认为是"生理自我时期"，也有人称之为"自我中心期"，它是自我意识最原始的形态
社会自我	从 3 岁到青春期	儿童在幼儿园、小学、中学接受正规教育，通过在游戏、学习、劳动等活动中不断练习模仿和认同，逐渐习得社会规范，形成各种角色观念，并能有意识地调节和控制自己的行动
心理自我	青春发动期到青年后期	在这一阶段，自我意识经过分化、矛盾、统一，逐渐趋于成熟。这一时期个体开始清晰地意识到自己的内心世界，关注自己的内在体验，喜欢用自己的眼光和观点去认识和评价外部世界，产生了自我塑造、自我教育的紧迫感和实现自我目标的驱动力

四、自我意识的特点

自我意识具有自身显著的特点，概括来说主要包括以下几方面（图 3-2）。

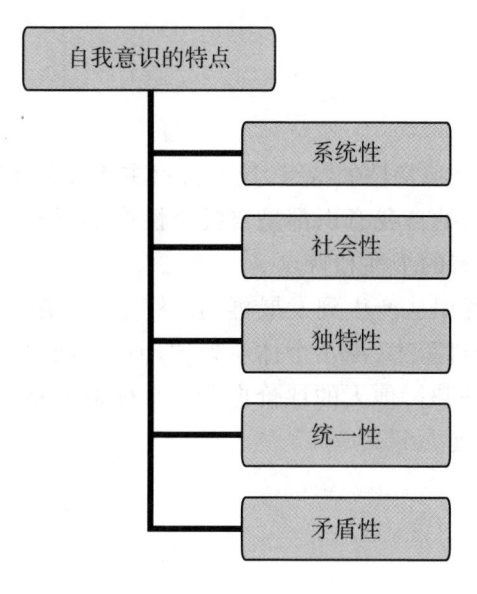

```
自我意识的特点
├── 系统性
├── 社会性
├── 独特性
├── 统一性
└── 矛盾性
```

图 3-2　自我意识的特点

（一）系统性

自我意识是意识中非常重要的组成部分，也是人心理发展的高级阶段。现代心理学常把人的心理活动分为知、情、意三个部分。自我意识不仅包括对自己形成的认知，而且也包括认知后产生的情感体验，以及基于自我认识与自我体验而产生的对自我的态度与要求的意向。

（二）社会性

自我意识是人们在社会中逐渐形成和发展起来的，因而它是社会的产物。它的发展过程，实质上就是个体社会化的过程。只有在社会环境中，个体才能够发展和成长，才能对自己和周围世界有一个清晰的认识，意识到自我的社会存在，即形成了自我意识。所以，通过社会，个体才能对自己的特点，以及自己在与他人的关系中处于什么样的地位，有一个明确的认识。

（三）独特性

自我意识具有独特性的特点，这一特点主要表现在以下两方面。

第一，每个人的自我意识都是自我个性中不可或缺的组成部分，它具备其他人所没有的个性和特点。

第二，自我意识从产生到发展再到最终成熟，是一个由被动到主动的过程。在这个过程中，由于个体所处的环境不同，导致个体自我意识具备了独特性。同时，他人的评价也会给个体造成独特的心理感受，影响个体的心理发展。

（四）统一性

自我意识的统一性是指自我意识能够保持一致。个体自我意识在发展的过程中，总是受到来自社会各个方面的影响，直至青年时期，个体自我意识才能真正稳定下来。青年期以后，个体对自我的基本认识和基本态度就会保持一贯。个体自我意识越是成熟健康，就越能够对自己有清晰的定位，否则就会出现统一性偏差。

（五）矛盾性

个体自我意识从产生到发展要经历一个不断变化的过程。个体在不同的成长时期，自我意识常常会出现一些矛盾性。比如，理想自我与现实自我的矛盾和混淆。前者总是要超出后者许多，使二者之间产生一个较大的距离。此外，个人自我和社会自我也可能发生矛盾和混淆。

五、自我意识的发展模式

人的自我意识发展会经历一个由被动到主动，由不自觉到自觉的过程。这一过程的发展并不是一帆风顺的，它也会经历许多矛盾和分歧，具体到自我意识的发展模式中就表现为分化、矛盾、统一（表3-3）。

表 3-3 自我意识的发展模式

自我意识的发展模式	具体阐述
自我分化	自我分化是自我意识在发展过程中的起始阶段。个体的自我意识伴随着青春期逐渐发展起来,形成了鲜明的"主我"和"客我"。前者主要是对自我进行主动观察;后者则是通过别人来观察自我。自我的分化,促使个体主动地关心自己之前不曾关注到的行为,重新审视自己的内心世界,标志着自我意识逐渐走向成熟
自我矛盾	在自我意识的发展过程中,主我对自我的认识逐渐产生了分化,发觉现实自我与理想自我之间还有很大的差距,于是内心出现冲突、不安甚至是痛苦。这种自我矛盾是自我意识发展过程中不可避免的,是一种正常现象
自我统一	虽然自我矛盾会给个体带来精神上的痛苦,但也正是由于这种矛盾和冲突能促使个体不断奋发向前,促使个体能够在现实中用实事求是的眼光看待自己,以便给未来的自己重新定位,并且努力奋斗,不断地改善自己、超越自己,尽量缩小现实我与理想我的差距,努力实现二者的统一。这种统一是自我认识、自我体验和自我调控的统一,是主体与客体现实的统一

六、自我意识的组成部分

（一）从内容上看自我意识的组成部分

从内容上看,自我意识可分为生理自我、心理自我和社会自我。

1. 生理自我

生理自我是指对自己的身体、外貌、衣着、风度、所有物的认识和体验,如是否健壮、漂亮等。

2. 心理自我

心理自我是指对自己的智力、性格、气质、理想、能力、情感等心理特征的认识和体验。

3. 社会自我

社会自我是指对自己在社会中的地位,在人际关系中的角色、作用等的认识和体验。自我意识是人的意识发展的高级阶段和重要特征。

自我意识的这三个属性是既相互独立又相互关联的。在我们的自我意识系统中,如果有一个系统出了状况,其他部分亦受池鱼之殃,一个属性可以影响其他的属性。

(二)从结构上看自我意识的组成部分

从结构上看,自我意识由自我认识、自我体验和自我控制三种心理过程组成。

1. 自我认识

自我认识是主观的我对客观的我的认识与评价,包括自我察觉、自我感知、自我概念、自我评价等,主要解决"我是一个怎样的人""我为什么是这样一个人"等问题。

2. 自我体验

自我体验是自己对自己怀有的一种情绪体验,即主观的我对客观的我所持有的一种态度,包括自信、自爱、自尊、自卑、责任感、优越感等,主要解决"我这个人怎么样""我是否对自己满意"等问题。

3. 自我控制

自我控制是自己对自身行为和思想语言的控制,即主观的我对客观的我的制约作用,包括自我调节、自我监督、自我制约等,主要解决"我应当成为一个怎样的人""我怎样改变现状成为理想的那种人"等问题。

上述三种表现形式以自我认识为基础,产生自我体验,进而达到自我控制;同时又在自我体验的推动下加强自我控制,加深自我认识,增强自我体验。这三者的有机组合和完整统一,就成为一个人的自我意识。

七、自我意识形成的信息来源

(一)自我观察和反省

在对自我内在认识尚不清楚的情况下,人们常常需要通过观察自己的外在行为来认识自己的内在品格。例如,当个体参加公益事业时,他们认为自己是一个高尚的人。当然,如果对自我的内在认识比较清楚,个体就会通过自我反省来了解自己,相对自我观察而言,自我反省的认识要更加准确,因为外在行为很容易受到环境的影响而发生改变。

(二)他人的反馈

一般情况下,个体的自我意识发展情况都会从他人那里得到反馈,从而使个体加强对自我的了解。他人的反馈信息通常都会对个体的行为起到调节作用。如果个体被告知要更加勇敢地去做一些事情时,自我得到的反馈信息就是自己不够勇敢。尤其是许多人有相同的说法时,个体就会对这种说法深信不疑。在个体成长的过程中,激励的作用是非常重要的。如果对个体的否定过多,个体就会产生"习得性无助",也就是当一个人不能掌控环境时,他就会放弃脱离环境的努力。事实上,这种信念严重阻碍了自我意识的发展,它破坏了个体对改造环境的信念,在强大的环境之下,个体似乎只能选择顺从。"习得性无助"是受后天环境影响而发展形成的。尤其是当陌生环境显示出巨大张力的时候,很多个体都会屈服于环境而承认自己的无能为力,最终产生"习得性无助"。

(三)社会比较

社会比较是自我了解的重要组成部分。人只有在社会生活中与他人进行比较,才能找到自己的不足,不断完善自己、提高自己。当然,自我比较并不一定会产生积极的结果,它也可能会出现一些消极的影响。当个体的目的与动机不同时,采用的社会比较策略也不相同。

八、健全自我意识的标准

健全自我意识的标准主要包括以下几方面（表 3-4）。

表 3-4　健全自我意识的标准

健全自我意识的标准	具体阐述
自我意识统一程度较高，无明显的自我同性混乱	自我意识完整，各部分联系比较紧密，稳定性和协调性都在自我意识的支配下，人的思想行为具有前后一贯性
对自我的态度是现实的、客观的、公正的	自我意识包括对个体自身和对个体与周边环境关系的认识、体验在客观正确地认识的基础上，产生的态度也是符合常理的：对自己的优点、长处感到高兴，对成功感到满足；对自己的缺点、不足感到不安，对失败感到难过
自我行动的方式被认为是积极的、协调一致的	在自我认识的基础上获取积极的自我体验，并产生积极有效的行动，行为受到自我控制，并与认识、体验协调一致，具有因果关系
自我与外部世界的关系是和谐一致的或能较快达成一致	在认识自己与周边环境的关系方面，个体同样表现出自我意识的整合统一，自我认识、自我体验和自我控制三者内部平衡，自我与外部协调一致
极少自我挫败，较明显的自我激励，自我的发展变化具有积极向上的倾向	经常获得自尊、自信等肯定的自我体验，产生乐观向上的情绪，激励自己不断前进，极少自责、苛求自己而产生失败、挫折的体验

第二节　高职学生常见的自我意识问题

高职学生常见的自我意识问题主要包括以下几方面。

一、自我体验方面的偏差

适度的自尊心和自卑感是个人健康成长中的一种心理品质，同时也是个体自我意识发展的一种表现。这两种表现普遍存在于高职学生中，这两种品质只要适度,对高职学生就不会产生太大的影响,但如果不适度,就会成为自我体验偏差的表现。

(一)自尊心过强

自尊心是指一个人悦纳并尊重自己,包括责任感、进取心等多种积极的心理品质。自尊心较强的高职学生拥有自信,能够努力克服遇到的困难,取得成功,但如果自尊心过强,那么就往往和骄傲、自大联系在一起,拥有过强自尊心的人缺乏自我批评,也受不了别人批评自己,这样的人往往以自我为中心,凡事都考虑自己,不能与人很好地相处,人际关系不和谐。

(二)自卑感过强

自卑感是一种对自己持有否定态度的情感体验。自卑感过强的人凡事都认为自己不行,缺乏主见,遇事从众。在高职学校期间,优秀的高职学生很多,无论是容貌、品德、学习成绩还是人际交往等方面,自己的某一方面无法与这样的学生相比也是很正常的,因为人无完人,但如果因此而贬低自己,无法看到自己拥有的优点,自卑感过强,那么这名高职学生无论做什么事情,注定会失败的。只有认清自己的优缺点,才能树立信心,为自己定好目标,从而朝着目标不断努力。

二、理想我与现实我之间的偏差

理想我是个体完善自我的最终目标,是个人想要达到的完美形象。现实我是个人根据自己的实际情况认识自己,往往主观性较强。通常情况下,现实我要远远落后于理想我,个体希望通过采取一些措施来减少这种差距。当二者的差距处于合理范围时,个体就能够产生动力,努力缩小二者之间的差距。反之,如果二者的差距超出了合理的范围,那么就可能给个体的心理造成过大的压力,使个体产生自卑,导致一系列心理问题。

高职学生成就动机强烈,渴望有朝一日到达辉煌的大洋彼岸。他们为自己描绘了一幅美丽的蓝图,在这幅蓝图中为自己做了清晰的定位。

此时,理想我与现实我的冲突和差距成为他们自我意识发展中的一个重要问题。在这里,需要注意以下两个方面的问题。

第一,理想我与现实我二者之间必然会存在一定的差距,这种差距在一定范围内其实是正常的,适当的差距可以使高职学生向着理想我不断努力,产生源源不断的动力。

第二,理想我与现实我的差距过大时,容易给高职学生的心理造成负担,使其产生心理问题,不能正确看待自己,甘于平庸,变得没有动力。

三、主体我与客体我之间的偏差

自我可以分成两种,即主体我与客体我,主体我用来表示我会怎么样,是个体主观能动性的积极反映;客体我则用来表示别人会对我怎么样,是一种被动的反映。事实上,二者应该是互相统一的。但是,由于自我意识的多层次性和多结构性,再加上生活环境的差异,主体我与客体我也会出现分歧。

高职学生的主体我与客体我的矛盾相对突出。因为在同龄人中,他们接受了相对高水平的教育,希望对自我有一个较高的评价,但由于他们远离社会,缺乏社会经验,长期生活在安逸、和谐的校园,对社会的了解缺乏切肤的感受与客观的目光,所以他们对主体我的定位并不准确。另外,由于我们国家教育体制存在的弊端,导致许多高职学生重理论轻实践。高职学生身上光环的消失使他们产生失落感。

四、追求上进与自我消沉之间的偏差

许多高职学生都有强烈的自尊心和上进心,他们希望依靠自己的努力来实现自身的价值。但是在实现自己价值的过程中,难免会遇到各种各样的困难,对此,不少高职学生常常出现情绪波动,在困难面前望而生畏、消极退缩,但是在内心深处又不想对其放弃,还想奋力一搏,故而内心极为矛盾。

五、渴望交往与心门紧锁之间的偏差

高职学生渴望得到他人的感情,尤其是来自同伴的感情。这种感情既包括友情,也包括爱情。在这个时期,一方面,高职学生不愿意成为孤独的个体,渴望与他人交流,分享有无,渴望自己的身边能够有精神沟通的知音和知己,希望成为群体中受尊敬与欢迎的人;另一方面,高职学生又不愿意完全把自己的内心敞开,他们总是喜欢隐藏自己,在不经意间与同学保持着距离。具体来说,形成这种冲突的原因主要有以下两个方面。

(一)过度从众

许多人都有从众心理,高职学生也不例外。因为个体生活在群体中,会不知不觉地遵从群体压力,放弃自己的主张,趋向于与群体中的多数人保持一致。适当的从众其实也是一种正常的心理现象,但如果从众心理过强,就会导致个体缺乏自己的主张,自我意识薄弱,独立性差。如果高职学生的从众心理过强,一旦在学习和生活中遇到问题,就不能独立应对,很容易自乱阵脚,甚至迷失方向。

(二)过度以自我为中心

过度以自我为中心的最大特点就是凡事从"我"出发,不顾及他人的感受,当自我的需求不能得到满足时就会发脾气。虽然此时的高职学生已经处于成年时期,但他们还是会出现过度以自我为中心的可能。

六、自我评价方面的偏差

(一)自我为中心

在自我意识的发展中,一些人表现出以自我为中心,突出表现是凡事从"我"出发,对他人的感受、建议不屑一顾,当愿望不能满足时就会发脾气。那些以自我为中心的学生,想问题和做事情都从自己出发,人

际关系也会出现不和谐。

（二）分裂的自我

外在的自我和内在的自我缺乏同一性，即个体物质的我、社会的我、心理的我的各个方面不能彼此相互联系，不能整合成一个完整的自我。内在的我与外在的我不统一，会导致对自己缺乏信心，常常出现退缩、逃避等行为表现。

（三）自负的自我

自负是一种自我膨胀，即过度的自信。多数人有较强的自尊心，好强、不甘落后，但如果把握不好度，就会物极必反，导致骄傲、自大、自我膨胀。

除了上述的自我意识问题之外，还有其他一些自我意识的问题，如个人的我与社会的我互相冲突等，其实，这些问题的出现是正常的，高职学生自我意识发展的过程中必然会出现这样或那样的问题，关键是要对其进行正确的引导和解决。

第三节　高职学生良好自我意识的培养

要培养学生良好的自我意识，需要做到以下几方面。

一、正确认识自我

有人说，每个人都是一座"金矿"，关键是要真正地认识自我，有自知之明。高职学生正确认识自我需要从多角度认识自己（图3-3）。

```
┌─────────────────┐
│ 正确认识自我的途径 │
└────────┬────────┘
         ├──── 通过他人的看法来认识自我
         ├──── 通过正确的自我评价与反思认识自我
         └──── 通过有效的社会比较了解自我
```

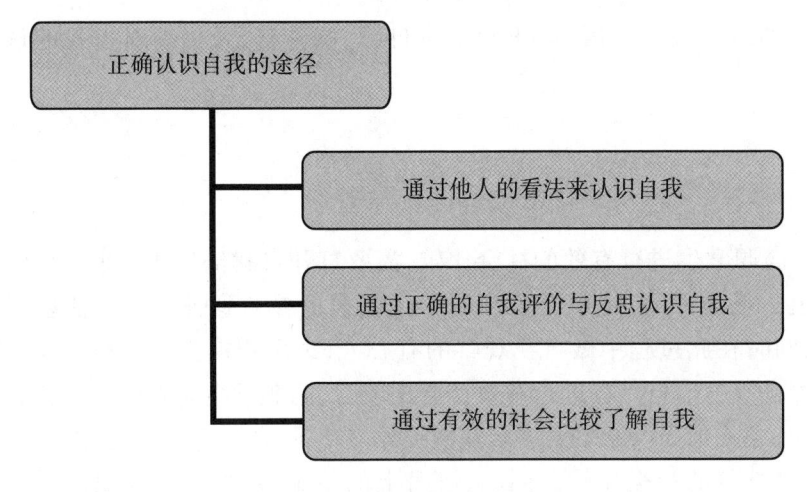

图 3-3　正确认识自我的途径

(一)通过他人的看法来认识自我

心理学家库利提出了"镜中我"的理论,即通过他人对自己的评价来了解自己。这一理论给人们带来了很多启示。确实,人们常常会从他人身上看到自己的影子。所以,通过他人的看法来更好地认识自己是一种非常有效的方法。高职学生应该积极投身于各种社会活动中,在行动中不断丰富自己对自然、社会和他人的认知,学会从他人对自己的看法中客观地看待自己,认真地分析自己,对自己有一个清晰的了解。

(二)通过正确的自我评价与反思认识自我

自我评价和反思就是指通过对自己外部行为表现进行评价,并实施一定的反思。通过自我评价来认识自己,高职学生最应该注意的就是,制定健康、正确的自我评价参照标准。具体来说,高职学生的自我评价参照标准不应是片面的、割裂的,而应是全面的;不应是消极的、负面的,而应是积极的;不应是静态的、固定的,而应是动态的、持续变化的;不应是盲目从众的,而应是适合高职学生的实际发展情况的。这就需要高职学生积极参与到生活,不断积累社会经验与人生经历,并根据自己的心理分析与反思,建立自我评价参照标准。没有自我反思就很难实现自我完善,因而高职学生在自我评价的基础上还应当认真分析自己成功或失败的原因，以正确定位自己、调整自己，提高对自我的认识程度。

（三）通过有效的社会比较了解自我

高职学生进行有效的社会比较，需要打开自我信息通道来保证信息渠道的畅通无阻，也就是说高职学生要积极参与到各项社会活动当中去，同时在此过程中做自我观察的有心人，进而积极主动地搜集并整理有关自我的信息。在进行有效社会比较时，高职学生首先应当学会欣赏他人，寻找他人身上的优点；其次要站在客观的角度，对自己进行动态的、多方位的社会比较，寻找自己身上的不足，从另一角度把握真实的自我。

二、积极悦纳自我

悦纳自我就是在正确认识和全面评价自我的基础上，欣然接受自我，恰当地评价自我，喜欢并接受自我，具有较高的自我价值感，是发展健康自我意识的关键。积极悦纳自我要做到以下几方面。

（一）全面、正确地评价自己

悦纳自己首先就要全面、正确地评价自己，要实事求是地评价自己。高职学生对自己的长处、短处不能夸大，也不要贬低。

（二）要理智、乐观地善待自我

高职学生要用全面的、发展的眼光来分析自己，既要看到自己的长处，又要看到自己的不足。要做到胜不骄、败不馁，树立远大的理想和志向，培养开朗的性格和乐观的生活态度。

（三）要坦荡、无条件地接受自我

高职学生对于自身存在的而又无法改变的东西都要敢于面对，并欣然地接受；而对于可以改变的缺点，要主动地通过自己的努力去改变。

（四）寻找个人自信的支点

个人自信的支点就是指自己的长处和优势。我们可以通过这些长处和优势，去创造成功的记录，从而在这个过程中逐步提高自己的自尊与自信。高职学生可从以下几方面入手寻找个人自信的支点。

第一，要善于扬长避短。"八仙过海，各显神通"，以点带面，利用优势，促进自己的进步。

第二，及时了解自己各方面的发展、进步和成绩，从而肯定自己的能力。

第三，不能只注意自己的不足，更不要因为一两次失败就全盘否定自己。其实，"尺有所短，寸有所长"，每个人都有自己的优点和优势方面。

第四，找好正确的参照标准。不能以己之长比人之短，也不应该以己之短比人之长。应该从各个方面综合地比较，从中找出自己的优势和长处，提高自己的自信心。比如，也许我比别人的经济条件差一些，但是我可能比较能吃苦。这样做的目的是通过比较，比出勇气，比出信心。

（五）要有正确的方向

正确的方向是高职学生成功的基础，因此，只有确立和把握正确的方向，树立远大的志向，才有可能成功，也才能增强高职学生的自信心。

（六）要正确认识挫折和失败

每个人的一生都会遭遇挫折和失败，但不同的人会有不同的反应。有的高职学生对自己的期望值过高，总希望自己在各方面都表现很出色，但往往越是这样就越容易导致失败，从而灰心丧气，而有的高职学生能够从失败中吸取教训，最终走向成功。

（七）及时调整自我的期望值

自我的期望值是指个体在从事某项实际工作之前估计自我所能达到的成绩目标或水平状态。在现实生活中，自我期望值与实际成就之间总是存在着差距，当自我期望值小于实际成就时，就会体验到成功的喜悦，而当自我期望值大于实际成就时，就会体验到失败的痛苦。高职学生既不能树立过高的目标，也不能期望值太低，要把自己的期望与自身的实际情况相结合，学会不断调整和控制自己的期望值，建立一个适度的理想目标，以保证理想的顺利实现。

（八）努力创造成功的记录

成功是一个人自信的基础，所以创造成功的记录也是增强个人自信的重要方面。高职学生可从以下几方面入手创造成功的记录。

第一，选择适当的目标，即根据自己的能力量力而行。一步步地积小胜为大胜，有了成功的经验，自信心就会越来越强。

第二，要勇敢地实践自己所制定的目标。光说不做只是一句空话，只有在实际行动中，才能逐步提高自己的能力，体验到成功的喜悦，从而不断地增强自信心。如果不能当众很好地表达自己，就应该多举手发言，不能因为自己表达能力不强就不去做，这样能力永远也不可能得到提高。

第三，在实践过程中要注意克服依赖心理。一般情况下，依赖心较强的人，在独自完成一件事的过程中会感到很吃力，没有主见，缺乏自信，难有成功。因此，高职学生要注意纠正平时养成的不良习惯，提高自己的动手能力，自己能做的事一定要自己做，自己没做过的事要锻炼做，而且可以主动要求担任一些院系或班级的工作，慢慢培养自己独立做事的能力，使自己有机会去独立面对问题，能够独立思考，增强自己独立的信心。

（九）适当运用积极的自我暗示

为了避免自尊心受到伤害，高职学生不妨采取一些策略性的自我美化暗示。高职学生可以采取"比下有余"的社会比较方式；可以采取自我照顾归因，将成功归因于自己的努力和能力，将失败归因于自己的不努力和运气不佳；可以采取选择性遗忘，忘记失败和挫折，记住成功和快乐。当然，高职学生只能适当运用这种积极的自我暗示，过多或过少则会影响高职学生对自我的正确认识和由此产生的应对行为。

三、有效控制自我

有效控制自我的过程，即高职学生主动定向对自我进行改造的过程，也就是通过主动改变"现实我"来实现"理想我"的过程。这一过程也是培养积极自我意识的重要途径。高职学生要实现自我的有效控制，需要从以下几个方面努力。

（一）确立合适的"理想我"

美国的心理学家艾金逊曾经进行过一个有关抱负水平的投环实验。他通过让被试者自由对投环距离进行选择，从而按照投中与否、距离远近等指标来进行综合评估与计算成绩。实验结果表明，一般成就动机较高的人，也就是那种努力工作追求成功的人，他们通常会选择中等距离的位置进行投掷；而那些成就动机相对较低的人，则大多会选择很近或很远的位置来进行投掷。通过上述实验表明，成功者大多希望在适度又有一定的冒险情况下做出一定努力，因而他们的抱负水平相对而言是比较适中的；但是那些成就动机低的人，则是在完全没有把握或完全碰运气的情况下来进行工作，因而其抱负水平通常不是偏低就是过高。可见，高职学生在确立抱负水平的时候，必须立足实际现状，从自身的具体情况出发，制定出通过一定努力便能够实现的恰当目标，也就是确立合适的"理想我"。

（二）培养顽强的意志力

对自我有效的控制几乎都离不开坚强的意志。一个人的意志力主要表现为：对目标认识的主动性与自觉性，对实现目标的决心，排除干扰的能力，克服困难的能力，对成功的态度，以及对失败与挫折的承受能力。因此,培养高职学生的意志力,首先应当使他们与目标相结合,注意分解目标,并经常检查目标的实现情况,及时进行自我反馈;其次应当使他们树立正确的成败观,让他们将自己在某件事情上的成功归因于稳定因素,如能力很强或任务相对比较容易等。

(三)进行自我批评

可以从以下几方面来进行自我批评。

第一,进行自我反省,看到自身存在的不足,从而使自己成为更好的自己。

第二,自责。对于某些失败的事情,首先应该从自身寻找原因,以免后期出现同样的后果。

(四)进行自我监督

对自己进行检查、督促,包括以下几方面。

第一,自知,正确评价自己,不卑不亢。

第二,自尊,要有个人自尊心和民族自尊心。

第三,自警,暗示、提醒,克服不良的心理习惯。

第四,自勉,鼓励自己成为对社会有用的人。

四、不断完善自我

自我完善,追求有意义的人生,使人生达到了相当完满的境界,这是一个自我改造、自我塑造的过程。具体来说,高职学生完善自我应该从以下几个方面努力。

(一)摆脱错误的信念

我们每个人都会在内心给自己一定的心理暗示:长期流传下来的观念没有错误;别人的观点都是正确的;某些事情的形成一定是这样的。但其实,这些暗示都是不应该出现的。不管你是什么人,不管你自认为多么失败,你本身仍然具有才能和力量去做使自己快乐而成功的事。例如,很多人都不相信自己有完成某件事情的能力,于是他们对自己产生了怀疑,这种怀疑在很大程度上阻碍了人们通向成功,或是寻找到幸福,因此,人们只有尽快从这种状态中脱离出来,才能走向成功,也才能使自我更加完善。

(二)制定合理的目标

制定合理的目标是高职学生走向成功的关键。也就是说合理的目标能够为高职学生指引正确的方向。因此,对于高职学生来说,提出自己的目标,并能够有步骤地实现目标是非常重要的。在实现目标的过程中,应该把远大的目标分成不同的阶段,这样,高职学生就可以按阶段来评价自己实现目标的情况。每一个阶段的目标都是总目标的一个分支,最终高职学生在实现了一个个阶段目标之后实现总目标。

需要注意的是,目标可以作为一种刺激,因为理想可以把高职学生的现在和将来的区别摆在眼前。对于高职学生来说,理想是他们前进的动力,催促他们不断挑战自己、改变自己。如果高职学生只是空想,而没有把这种理想转换成动力,那么即使有理想也没有任何改进。

(三)做出正确的决策

要想做出正确决策,高职学生就应该明白,在传统观念的影响下,一旦毫不怀疑地认可之后,就会产生错误的决策。因此,要想改变这一情况,高职学生就必须在决策的过程中基于事实而不是基于之前的理论。一味地照搬之前的理论或者是靠感觉来判断事物,很容易走上错误的决策之路。

(四)战胜各种压力

人有压力才会有动力。一定程度的压力对高职学生来说可以认为是一件好事,因为它可以促使高职学生的"内部机制"加速运转。但是,如果压力过重,转化成焦虑情绪,那么它就会产生不良的影响。当受压力(紧张和焦虑)支配时,高职学生应该认识到,问题的关键在于自我控制情绪和积极的反应。只要正确地处理了这些压力,高职学生就能够在自我完善的道路上向前迈进。

（五）从挫折中吸取经验

挫折是一种情绪上的感受,当人们的某个目标或者是某种愿望不能实现时,这种感觉就会产生。对于高职学生来说,如果他们的学习成绩不能达到自己预期的目标或者是不能与他人友好交往时,他们的内心就会产生受挫的情绪体验。不过高职学生必须懂得,在学习和社会生活中,必然会出现这样或者那样的问题,这些问题的出现在一定程度上都是正常的,对此,高职学生应该在这些挫折中吸取教训。而随着各种经验教训的不断积累,高职学生也会在此过程中不断完善自我。

（六）培养自己的归属感

高职学生生活在集体中,从宿舍到班级再到社团,都会让他们产生一种归属感。这种归属感可以使他们的内心感到安全、情感得到寄托。归属感越强,越容易对自己产生健康、恰当、肯定的自我认识。培养归属感的最好途径就是参加集体实践活动。主要原因包括以下几个方面。

第一,实践活动有利于高职学生在集体中找到自己的位置。例如,高职学生最主要的活动就是学习活动。高职学生自我意识发展水平的高低,对学习活动调节、影响作用的大小,只有在实际的学习活动中,才能做出正确的判断。一个学生各方面的能力,如观察力、记忆力等,都是通过他最终的学习成绩体现出来的。这样,他们才能根据自己在学习活动中的表现找到自己在集体中的位置。

第二,实践活动是个体获得自尊心、自信心的有效途径。实践活动给每个高职学生都提供了表现自我的机会。高职学生可以在集体活动中尽情地展示自我,把自己的长处展现在别人面前,从而获得他人的赞美和认可,证明自己的价值,获得价值感,增强自信心。一个充满自信的人,才能在集体中具有较强的主人翁意识,从而真正建立起归属感。

第三,集体实践活动为高职学生融入整个集体创造了有利环境。在实践活动中,高职学生是集体的一员,因此,在思想行动上应该与集体最终的活动目标达成统一。在集体的实践活动中,要求每个高职学生努力发挥自己的聪明才智,而实践活动的效果,又可以在一定程度上鼓励每个参与者,使每个成员在心理上得到满足。高职学生在这些实践活动中,能够感受到来自集体中他人的关心、尊重和爱护,感受到自己是集体中不可缺少的一部分,感受到自己被集体接纳和需要。集体的归属感正是在这样一次次的实践活动中得到培养的。

第四章　高职学生的学习心理问题研究

学习是学生的第一任务和主要活动,是一个极其复杂的心理活动过程。研究和探讨有关高职学生学习的相关知识,对于提高高职学生的学习心理调适能力,促进其顺利完成专业学习具有重要意义。

第一节　学习的内涵

一、学习的概念

学习的概念有广义和狭义之分。从广义上说,学习是人和动物在生活过程中获得个体经验的过程。从狭义上说,学习是专指学生在学校里的学习,即学习是学生在教师的指导下,有目的、有计划、有组织、有步骤地获得知识、形成技能、培养才智的过程。

二、学习的特点

概括来说,学习的特点主要包括以下几方面(表4-1)。

表4-1　学习的特点

学习的特点	具体阐述
意识性	人类是有意识的,意识使人能够按照一定的计划和目的进行学习,所以说,人的学习具有意识性的特点

续表

学习的特点	具体阐述
社会性	人们都生活在一定的社会环境中,在这样的环境中,个体除了可以通过直接参与的方式来获得社会经验外,还可以通过学习的方式来学习人类长期积累下来的历史经验,从而使个体的知识得到不断丰富。这种社会历史经验有助于人去适应、改善和发展社会生活,使社会生活日益美好。由此可见,人的学习更主要的在于满足其社会生活的要求,这种社会性需要就成为激发人的学习动机的基本动力。所以,无论从学习的形式与内容看,还是从学习的动力与作用看,人的学习都具有社会性的特点

三、学习的心理基础

学习活动有一套系统的心理结构,主要由智力因素、非智力因素和特殊能力组成(图4-1),这也就是学习的心理基础。

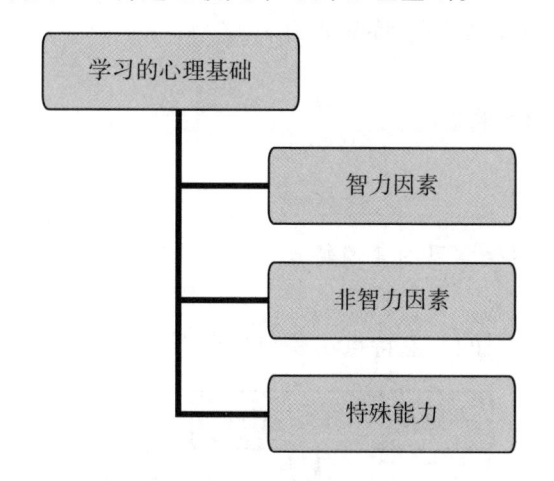

图 4-1 学习的心理基础

(一)智力因素

人的智力即一般能力,是在不同种类的活动中表现出来的能力,是人脑的各种认识组成的、稳固的、综合的反映。它最基本的认识力主要是记忆力、观察力、思维力和想象力等,其中思维力是核心。各种认识力形成合理的、完善的、稳固综合的反映方式即心智技能。

（二）非智力因素

非智力因素有广义和狭义之分。从广义来看,非智力因素包括学习动机、兴趣、情绪态度、性格等因素。这些心理因素都对智力活动起着一定的促进或阻碍作用。狭义的非智力因素是指对智力活动所起的作用更为直接、更为突出和更为明显的心理因素,如独立性、意志坚韧性、好奇心、勤奋等非智力因素。

（三）特殊能力

人的特殊能力是受人的智力支配的、改造事物的各种操作动作组成的、稳固的实际行动能力,是在某种专业活动中表现出来的能力,它是顺利完成某种专业活动的心理条件。如音乐家区别曲调的能力以及画家的形象记忆力等都属于特殊能力。

四、高职学生的学习

（一）高职学生学习的普遍特点

高职学生学习的普遍特点主要包括以下几方面（图4-2）。

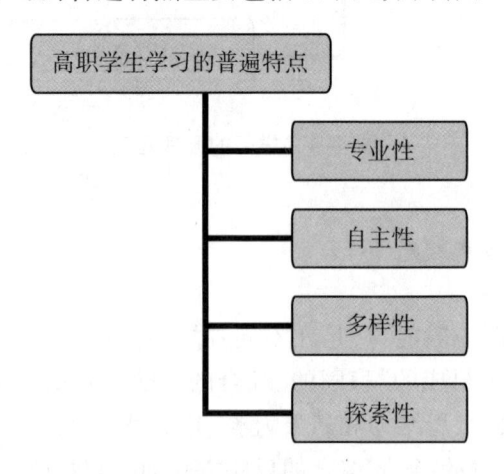

```
高职学生学习的普遍特点
├── 专业性
├── 自主性
├── 多样性
└── 探索性
```

图4-2　高职学生学习的普遍特点

第四章　高职学生的学习心理问题研究

1. 专业性

进入高职之后,每个人都要根据自己的兴趣、爱好等选择自己所要学习的专业方向。高职学生要在专业定向的基础上学习各类知识,努力把自己培养成为社会需要的合格人才。

2. 自主性

高职阶段的学习虽然也强调教师教学的重要性,但是除了在课堂上,其他时间的学习基本上学生自己去独立完成,这样一来,高职学生就有很多时间可以自由支配,这些时间如果安排得好,高职学生能够利用这些时间自主学习,那么高职学生基本就不会出现适应不良的情况,相反,如果这些时间不能被高职学生合理支配,那么就有可能出现适应不良的问题。

3. 多样性

之所以说高职学生的学习具有多样性特点,是因为在高职阶段,高职学生除了可以在课堂上获得知识外,还可以通过阅读、听讲座、上网查资料等途径来学习,这些途径虽然在中学中也采用,但被高职学生采用得更多,因为他们有足够的时间去通过这些方式学习。

4. 探索性

探索性是指高职学生在学习过程中对书本结论之外新观点的寻求和钻研。爱因斯坦曾强调教育必须重视培养学生会思考、探索问题的本领。这就要求学生不但要掌握所学的知识,而且要掌握知识的形成过程,了解学科和专业发展状况、存在的问题以及解决这些问题的可能性,掌握学科的研究方法和培养独立思考、探索创新的精神。而死记硬背、缺乏灵活性与创造性的高职学生将会感到压抑和不适应。

(二)高职学生学习的阶段特点

高职学生学习可分为三个阶段,即进校初期、中期和毕业时期。阶段不同,高职学生的学习特点也不同。

1. 进校初期

由于该阶段主要是学习基础理论课,为今后学习专业课打好基础,所以此阶段也称"打基础阶段"。打基础阶段的学习,需要新同学对知识、信息的理解、掌握能力发生一个质的飞跃。因此,这一阶段的学习需要由依赖教师、书本的模仿、再现知识的机械性,转变为自觉地、独立地获取知识、主动地掌握信息。

2. 进校中期

这一阶段的学习进入了专业基础课程与专业课程的学习阶段。这个阶段要完成由基础知识的掌握提高到实际运用课程或工科技术学科的学习,并获得解决实际问题的能力或实际动手的能力,培养创造精神,明确专业主攻方向,初步形成自己的才能。

因此,大学中期阶段异常重要,这一阶段要从以下几方面适应过渡。

第一,学会选择专业主攻方向。

第二,处理好必修课与选修课的关系。

第三,学会搞好课程设计或学年论文。

第四,学会做好实验,写好实验报告,或参加课堂讨论、小型学术讨论会。

3. 毕业阶段

这是学生完成学业的阶段,也是从学校走向工作岗位的过渡阶段。此阶段学习最紧张,也是高职学生学习的高峰。因此,这一阶段要求学生要具有创造进取精神和成熟的组织管理能力。学习的方式则主要是向工厂、企业及社会获取各种信息、通过毕业设计或毕业论文,全面检查学习的成果及所具备的能力。

(三)高职学生学习的方法

1. 自学的学习方法

(1)要自觉培养自学的能力

①培养基础知识的储存能力

基础知识是自学的前提条件,它具有对自学指导、扩展、再生的作用。因此,要储备各种基础知识。

第一,要有意识地回顾、整理已有的基础知识,并与新的有关基础知识结合起来。

第二,对新的基础知识本身,要把握其系统的逻辑结构、层次、基本概念、基本原理或原则定理公式,进而把握各种概念、原理等之间的关系,并将之整理归纳成容易掌握、中心突出的知识体系。

②培养驾驭语言、文字信息的能力

学生的自学对象,主要是书刊,方式主要是看、读、写、练。另外还有有声信息,要靠听来获取。因此,要在自己的看、读、写、听、练中,不断提高对语言、文字信息的汲取、辨认、选择、整理的能力。这是自学的一种基本能力。

③培养对知识信息的心理反应能力

这种能力是完善大脑准确、高速处理知识信息功能的条件,是感性、理性思维能力的相互渗透、相互作用的整体效应。这里所说的感性思维,主要是指自学过程中对书本知识的感性洞察能力,对实验、实习的观察能力。感性知识量的积累,会引起质变,萌发同学们的创造能力。

(2)要掌握自学的技巧

自学的技巧比较多,但主要的有下列三个。

①循序渐进

循序渐进,由浅入深,由易入难,从基础知识到专业知识。大学的课程,是按照循序渐进的原则设置的。序,就是次序,就是科学内在的规律。在学习上,跳是跳不过去的,绕也是绕不过去的。唯一的道路,是一步一个脚印地循序渐进。高职学生们在学习中要克服好高骛远、急于求成、一步登天、一蹴而就的思想,克服见到困难绕着走,弄不懂就"跳"过去的思想;要踏踏实实、认认真真地学好基础知识及专业知识。

②多疑好问

学问,要学要问。最善于问的人,往往是学得最好的人。学习,就是由不知到知。不知,就是问题,有疑就问。问号是打开科学大门的钥匙。如果通过询问,你把一个个问号拉直,变成了惊叹号,你就大有进步。当然,问要问在点子上,问在关键处。不要钻牛角尖,那样会耗尽精力而进步不大。

③专深博闻

所谓专深博闻,就是专业范围之外,你尽可能多懂一些。当代科学的特点是分工越来越细。分工越精细,越有利于科技工作者集中精力攻关。但是,分工不等于分家,不能"隔行如隔山"。当代科学的另一个特点是彼此交叉,在边缘地带不断产生新的学科。这就要求科技工作者尽量博闻,不能只懂一门科学。大学是培养科技精英的园地,是莘莘学子学习知识、打好基础的摇篮。高职学生们在学好本专业知识的基础上,也应重视文史、社会科学知识的学习,文理兼容,更会使你如虎添翼、运用自如的。

2. 教学环节的学习方法

（1）课前预习

预习的目的是为了提高听课效率,加深对听课内容的理解,培养独立思考能力,赢得时间积累。但是,预习不必太细太深,也不必只图形式,而应实实在在地思考。具体来说,课前预习应做到以下几方面。

第一,课前预习可以做到心中有数,争取听课的主动权。课前预习对原有知识是一次复习,对于新内容亦有思想准备,容易抓住老师的思路,掌握重点、难点、关键点,同时听课兴趣也会相应提高。

第二,课前预习可以改变学习的被动状态。如果不预习,听课不主动,课后理解不了,作业要花更多的时间,显得时间更紧张,就更谈不上预习,这样循环的结果是更不会争取时间。因此,对于学习困难的同学,预习就显得更为重要。

第三,课前预习有利于提高课堂独立思考能力。预习是一种自学,久而久之,养成良好习惯,独立思考能力会得到提高,在老师的启发下,很容易产生创造灵感。

（2）记笔记

记笔记是大学学习区别于中学学习的一个重要特点。高职学生课堂听课,不仅要记笔记,还要学会善于记笔记。记课堂笔记作用很多,如记下课堂讲授的主要内容和思路以备复习；记笔记可以集中听课思想,利于培养逻辑思维能力；记下尚未明白的疑点,有待课后钻研等。可见,记笔记是必要的。正确对待记笔记,要处理好四个关系。

①正确处理快与美的关系

记笔记要力争快、准、美,但对于听课吃力,课堂理解力较困难的同学,以求快和准为主。

②正确处理听与记的关系

课堂上听与记两者关系,以听为主,以记为辅。"听"与"记"的比例,要因人而异。对于接受力强的人,可多记一点,对于学习较吃力的人,可少记一点,或课后再补记。不记笔记的学习方法是不可取的。

③正确处理该记与不该记的关系

对于定义、定律、定理的推演等可不记,但对于老师指点的承上启下的关键、治学的体会、学科动向的新信息、本章节的重点难点、老师的思路,以及老师所下的结论及对章节的归纳应及时记录。

④正确处理死记与活记的关系

死记,就是为笔记而记笔记,这种方法是不可取的。活记,则是侧重老师的思路,记重点、难点、关键点。长期坚持活记,学习能力会得到较快的提高。总之,记笔记是一种学习功夫,有的同学在谈到记笔记的经验时说:"详略得当选择记,结合理解灵活记,板书时间迅速记,不懂问题特殊记。"这个经验可资借鉴。

(3)复习

复习是用来消化、巩固、应用所学的知识。复习这一环节不仅可以弥补课堂听课的疏漏,更重要的是它可以完成知识的积累。在复习时,要抓住重点,另外,独立思考能力更为重要。因为只有通过积极的思考,才能将所学知识消化、吸收,真正变为自己的东西;只有通过积极的思考,才能真正理解所学的知识,从而把它记住。除了做好及时复习外,还要做好单元复习、阶段复习和期终总复习。总复习时应尽量将相似科目隔开,以避免干扰,提高复习效果。连续复习时间不宜太长,要注意劳逸结合。

第二节 高职学生常见的学习心理问题

一、学习适应不良

(一)学习适应不良的表现

1. 学习环境不适应

进入高职学校后,由于学习环境和学习方式的变化,原高职学生的自尊心受到了挫伤,优越感荡然无存,若不能正确对待,很容易由"自尊"转为"自卑",常常由于"理想之我"与"现实之我"的矛盾,而处于苦恼不安之中,甚至对学习失去信心。

2. 学习方法不适应

自觉自主的学习是高职学习活动的核心。面对不断增加的新课程,日益加深的学习内容,不少学生学习不得法,几次考试成绩不理想,便对以后的学习产生很大的心理压力。心理素质差的整天垂头丧气,情绪低落。更有甚者,会由此发展成为精神崩溃,甚至轻生,而心理素质较好的学生,则会努力去适应学习方法的变化,将压力变为前进的动力,从而激发自己的学习热情。

3. 专业学习不适应

高职学生的学习有一定的专业方向,是围绕着培养目标进行学习的,所以说,专业学习是高职学生成才的需要,是高职学生走向成功、实现理想的重要起点。但新生入校后,有不少学生对自己所学的专业没兴趣,甚至一上专业课就头痛,有的认为自己的兴趣、爱好都不在此,为此感到前途渺茫,导致学习动力不足。有些人因此变得消沉或厌学,学习情绪低落,学习成绩上不去。此外,还有些高职学生对感兴趣的东西花大量的时间去兼顾,为此占用了大量学习专业课的时间,结果导致专业学习考试不及格,于是,人总处在烦躁不安、怨天尤人的状态之中,结果是专业学不好,爱好也没有兼顾到,最终毁了自己。

4. 自主择业不适应

随着毕业生就业制度改革的不断深入,多数学生在毕业后将在国家有关政策指导下,通过人才市场自主择业。在应聘中,学生的学习状况、专业需求状况和个人素质是决定能否找到满意职业的关键所在,因此,专业对口,企业急需,个人素质好,实际工作能力强的毕业生普遍受到用人单位的欢迎,反之,用人单位则不愿意接收。这种双向选择的竞争态势,直接影响着在校高职学生,并给部分学生造成心理压力。在竞争中成才,已成为高职学生的普遍心理,这本是市场经济的必然要求,但有的同学在竞争的学习氛围中,却表现出一种畏惧心理。另外,比较容易的专业,学生学习积极性就高;反之,冷门专业,择业比较困难的专业,学生补考率往往高于其他专业的学生,有的学生甚至留级、退学。

（二）学习适应不良的原因

1. 客观原因

相对于中学来讲,高职的学习在教学特点、方式和内容上有着很大的不同。高职学校的老师上课时来,讲完就走,一堂课讲述的内容多,而且有时会与教科书上有出入,注重教学的内在逻辑严谨,而不太注意学生的反应。另外,在陌生的新环境中,一切要从头开始,从自己做起,这种种巨大变化,给心理素质尚未成熟的新高职学生带来了情绪的波动和不安,从而影响了他们学习的正常进行。

2. 主观因素

一般来讲,高职学生的自我意识觉醒,独立的成人意识强烈。但是由于现在的高职学生绝大多数是从中学直接升入的,生活的阅历浅、经验少,形成了强烈的成人认同意识与欠缺丰富的社会经验之间的矛盾。加上中学时在高考竞争的压力之下,无论是学校还是家庭,大多只重视知识的学习,强调分数,而忽视了能力的培养,这就使得高职学生虽然有着强烈的成人意识,但在心理上仍然不自觉地对父母、师长有着强烈的依赖性。在学习上,还希望教师日日在侧,父母天天督促,因而在现实的学习生活中感到很不适应,产生了消极甚至厌烦的情绪,妨碍了学习。

二、学习过度焦虑

造成学习过度焦虑的原因是多方面的。有些同学在环境影响下,学习目标定得过高,或是希望通过学习保护自己的自尊心,而自信心又不足,于是心理压力很大。此外,个性偏敏感、易焦虑的高职学生,往往容易产生学习过度焦虑。

由于过度焦虑,使这些学生在学习中不能正常发挥心理效能,注意力难以有效集中,有些学生为了减轻学习焦虑,对学习采取回避、退缩的态度和方式,逃避、害怕、厌烦学习和考试。或是因心理压力过大,导致神经衰弱等心理障碍。

三、缺乏学习动机

刚进入高职,课余时间比较自由宽裕,竞争意识弱化,部分学生便产生了"松口气、歇歇脚"的心理,结果生活懒散,学习松懈,学业荒疏,成绩下降,甚至出现多门功课考试不及格,并因此心理受挫,产生苦闷和悲观的情绪,所以作为一名高职学生,学习动机的确定是至关重要的,没有学习动机的学生,胸无大志,缺乏学习内驱力,学习成绩因而下降,有的甚至留级、退学。

四、学习无助感

(一)考试焦虑和怯场

考试焦虑是指因各种原因造成的情绪紧张,致使原来已形成的熟练的识记内容不能重新再现。严重焦虑会导致应试中出现"晕场休克"。其实,应试时的紧张感是一种正常的应激——指由外界情况变化、主要指比较紧急的或危险的状态所引起的一种情绪表现。考试焦虑和怯场的原因有以下几个方面。

1. 缺乏自信

有些同学由于种种原因曾经经历了考试失败的打击,这在心理上就会形成失败定式。所谓定式是指以前具有的解决类似问题的经验,对后来解决类似问题的影响。做为失败定式——"上次没考好……",会像个阴影一样干扰和妨碍自己,于是打破了心理的稳定性,分散了精力,在考试中遇到问题时,就会联想曾经有过的失败,由此产生恐惧和慌张,从而影响考试水平的正常发挥。

2. 动机超强

对考试成绩的要求很高,把分数看得过重。在这种强烈的动机促使下,造成精神的极度紧张,过分担忧自己考试的成败。而进入考场中,一旦真的遇到难题,更是联想万千,从而影响了应试的正常顺利进行。

3. 身心过度疲劳

一方面,作为正常的应试,已使自身在体力和体能上有所消耗,考试本身就让人有一种压力感和紧张感,所以,每当考完最后一门课时,都会感到轻松。

另一方面,是人为的紧张因素。为了能考得好,拿高分,有的同学打乱了以往的生活规律,头悬梁,锥刺股,夜以继日地复习,使得身心极度疲劳,因而产生了负诱导。即在大脑皮层的兴奋点周围产生抑制作用,抑制兴奋过程的扩散,这也是大脑的一种自我保护功能,而且这两种神经活动过程永远是相互引起和加强相互的作用。所以,抑制作用一出现,就会出现记忆再现的障碍。越心急,越加强负诱导,越想不起来就越急,最后达到超限抑制——晕场休克。

(二)作弊心理

每一次考试,总会有人不惜以身试法,并因此而受到处分。而助人作弊者也往往难免株连。大凡作弊者,一般都是以下几种情况。

一是前面讲到的由于学习动力的缺乏而"混日子"的同学。一入学就等着拿毕业文凭,所以平时学习松懈,考试时不愿费劲,但拿文凭就靠门门60分,这关总要过,所以,把希望寄托在作弊上,既不费劲,又可以及格。于是视考场纪律于不顾,以身试法。

二是平时学习比较用功,但是自尊心太强,把分看得高于一切,是一种优势的保证,所以唯恐自己的考分低于他人,一旦遇到不顺利时就不惜铤而走险。

三是偶尔为之。所谓一念之差者,比如怯场,本来准备得很充分,却因为过度紧张想不起来了而影响了成绩,太不甘心,所以,豁出去了,就这一回。

总之,无论出于什么心态,何种原因,作弊者的目的是一致的,就是得到自己所期望的分数:起码及格,力争优秀。所以,在这个目标的驱动和侥幸心理的支配下,选择了一种错误的行为方式。

可以说,作弊有百害而无一利。既欺人,又自欺。不仅妨害良好校风的树立,更重要的是恶化了自己的人格品质,与高职学生本应追求和拥有的真、善、美相去甚远。

作弊还有另一方面的问题,就是助人为弊,且人数不在少数。每当因作弊者被抓而自己也受到批评和处分时,总是感到很委屈,甚至产生心理障碍。

大凡助人者,一般都出于以下心态。

第一,"侠肝义胆",为朋友两肋插刀。用同学们自己的话说,大家能考上大学本已不容易,走到一起更不容易,总不能见死不救啊!怎么也得帮一把。

第二,因为不愿为这点"小事"得罪人,反正我自己没作弊,能帮就帮,否则被称之为不近人情,伤害相互之间的感情。

第三,功利思想——礼尚往来。今天你有困难我帮了你,今后我有什么麻烦你就可以帮我了,所谓投桃报李,来而不往非礼也。

无论怎样的想法,有一点,助人者都不认为自己是在作弊。虽然也知道这样做不对,但他们认为不对只是违反学校的纪律,从"良心"来讲,还是无伤大雅的。应该说,作弊无论对人对己都是一种欺骗。所以,这种忙不应该帮。

五、学习心理疲劳

心理疲劳不同于生理疲劳,生理疲劳是由于肌肉活动过度,使血液中代谢废物如二氧化碳和乳酸增多,导致腰酸背痛、乏力等。心理疲劳是大脑细胞活动持续时间较长,导致脑细胞处于抑制状态。学习心理疲劳在高职学生中并不少见,造成这种现象的原因包括以下几方面。

第一,在学习活动中,不注意用眼卫生,学习内容长、时间过于单调或生活中缺乏劳逸结合。

第二,学习内容难度较大、学习过于紧张,使大脑神经持续处于高度紧张状态。

第三,对学习活动缺乏兴趣,学习中情绪低落,从而导致大脑神经活动处于抑制状态。

第四,学习心理疲劳若得不到及时有效的消除,不但影响学习效果,而且使精神状态不良,甚至引起神经衰弱等心理障碍。

第三节　高职学生良好学习行为的培养

一、提高心理效能

可以从以下几方面努力提高心理效能(表 4-2)。

表 4-2　提高心理效能的途径

提高心理效能的途径	具体阐述
确立明确的奋斗目标	目标明确性是人的意志特征之一,是指一个人能控制自己的行为,使之服从于自己稳定的人生目标。这一目标能指导人的一切行动,使人有决心、有计划、有能力为实现这一目标而奋斗
增强学习动力	增强学习动力,从外部的环境而言,需要一种重视教育、重视知识、尊重人才的良好社会氛围和学校浓厚的学习、学术风气。但这有赖于社会的发展、教育改革的深化,并不是一朝一夕就可以达到的。因此,增强学习动力更需要自身的调节能力
培养学习兴趣	兴趣是情感的凝聚。一个人若是对一件事有兴趣,就会深入持久地去做,以达到预想的目的。它是重要的心理动力之一,推动人们的实践和创造活动。例如许许多多的科学家,就是在兴趣的引导下,尽其毕生心血去为人类科学文化的进步而奋斗

二、顺利完成角色转换

高职生活对每一位新生来说,无疑是一次很大变化。这就要求我们能尽快调整自己、寻找自己在新的高职生活中的最佳位置。具体来说,应做到以下几方面。

第一,要平定情绪,不要被一时的不适应吓倒。"角色转换"在人的一生中会经常出现,其间所出现的不适应到适应是很正常的。

第二,尽快从成功的陶醉和入学的新奇中摆脱出来,使自己及早进入角色中去。

第三,努力去摸索和掌握高职学校学习的特点和规律,做学习的主人。

三、科学运筹时间

英国博物学家赫胥黎有一句非常富有哲理的话:"时间最不偏私,给任何人都是 24 小时;时间也最偏私,给任何人都不是 24 小时。"也就是说差异在于你是否能合理和充分地利用时间。

对于时间在学习中的价值谁都明白,特别是对于处于集中学习的高职学生而言尤为宝贵。但是,由于一下子从紧张的中学学习进入宽松的高职学习,一个很明显的感觉是——时间特别宽裕,加之目标不明确,于是有些同学总是会"等明天再……",等意识到了,为时已晚。所以,高职学生应该科学运筹时间,具体来说应做到以下几方面。

(一)要善于安排时间

第一,充分利用有限的时间去多做些工作。
第二,能巧用时间,积少成多。

(二)养成珍惜时间的好习惯

有人说人的一生有三分之二的时间是在睡眠、吃饭和娱乐,真正用于学习和工作的时间只有三分之一。所以,前人才会感叹"一寸光阴一寸金,寸金难买寸光阴"。

(三)丰富充实自己的生活

高职的有形学习只是其生活的一部分,同学们还要善于从无形的学习,即生活实践中去提高自己。充实自己的生活,丰富自己的阅历,才能不枉度高职学习生活。

四、寻找最佳的学习方法

寻找最佳的学习方法,是保证学习顺利进行并且取得良好效果的一个重要前提条件,特别是对高职学生而言。什么是最佳的学习方法呢?

第四章　高职学生的学习心理问题研究

其标准一是符合自己的实际情况,二是能提高学习效益。高职学生寻找最佳学习方式应在以下这些方面给予重视。

(一)阅读

阅读是获取知识的必由之路。当今知识的更新与发展越来越迅速,以个人的有限精力,一切从头做起是不可能的。所以,掌握阅读的方法,对于学习特别是学习书本知识是十分重要的,尤其是对处在集中学习阶段的高职学生而言。但是,能阅读不等于会阅读。因为对于认字的人来说,阅读是一种自发的活动,凡是识字的人,都能阅读,但是"大多数人不会阅读"。区别就在于"能"阅读的人,读书的过程只是个并不复杂的过程,把自己的头脑变成了名家名著的复印机和保存室。而"会"阅读的人,会在书中找到有利于自身发展的智慧,以此为基础去发挥自己的潜能,为社会做贡献。

(二)积累文献资料

高职的学习以自学为主,它有一位非常好的帮手——图书馆。作为知识的宝库,也可以说它是一位无声的老师。每一位高职学生都应该成为图书馆的朋友和学生。要想充分有效地利用图书馆,应做到以下几方面。

第一,提高检索能力。前人云:"凡读书最切要者,目录之学。目录明,方可读书;不明,终是乱读。"

第二,做索引和卡片。把有用的资料按自己的方式做成索引,或是制成卡片,一旦需要的时候,可以及时准确地查找到,提高学习的效率。

第三,记笔记。俗话说:好记性不如烂笔头。

此外,还有很多的手段。无论是什么,关键在于"勤":手勤、脑勤,养成良好的习惯。

五、预防、消除心理疲劳

（一）选择良好的学习环境

学习场所整洁、明亮优雅、宁静，避免杂乱、昏暗、吵闹、空气混浊的环境，使人感到心情舒畅，也有利于提高大脑活动的效率。

（二）善于科学用脑

现代科学揭示了大脑两半球的不同功能：大脑的左半球与逻辑思维有关，右半球则与形象思维有关；此外，大脑活动还有一种"优势现象"，即当大脑某一功能区的活动占优势时，可使其他功能区的活动相对地处于休息状态，应该不同学科尤其是文、理科穿插进行，就可有效地预防学习心理疲劳，提高学习效率。

（三）注意劳逸结合

大脑神经活动是兴奋—抑制的交替过程，因此，劳逸结合是预防心理疲劳之道。

第一，在学习了一段时间之后可以休息片刻，通过听听歌等办法让自己轻松一下。

第二，在学习之余，可以去参加一些文体活动，使自己的身心得到放松。

第三，一定要保证有充足的睡眠时间。

第四，培养广泛的兴趣，使自己的生活丰富多彩。

六、培养应试能力

（一）养成良好的学习习惯

学习是持之以恒的工作。所谓冰冻三尺，非一日之寒，要达到学习的真正目的，除了靠"歼灭战"，更要有打"持久战"的作风。平时注意养成良好的习惯,应试时才能艺高人胆大,不会被打乱阵脚。

(二)提高应试技巧

对于考试,高职学生应该做好以下几方面。

1. 做好考前的准备

第一,系统地整理一学期所学的内容,使所学的内容可以形成一个体系,然后再进行复习。

第二,复习的时候要列一个时间表,合理分配每门课程的复习时间。

第三,临考的前一天晚上再进行最后一次强化,以保证考试可以取得好的效果。

2. 合理安排作息时间

第一,作息时间一定要安排好,避免大脑过度疲劳,影响水平的发挥。

第二,临考的前一天一定要有充足的休息时间,保证头脑清醒、精力充沛。

3. 正确应对"怯场"

第一,考试时先做有把握或比较简单的题目,这样可以缓解紧张心情、消除紧张情绪,还可以增强自信心。

第二,如果考试中出现"怯场"情况,强烈焦虑、紧张、思维混乱或一片空白,手脚发颤,头昏脑胀,此时应立即停止答卷,伏在桌上休息片刻。同时想一件令你高兴的事,转移注意力使大脑兴奋起来,缓和紧张情绪;或反复自我暗示:"我很安静""我很轻松",并适当地舒展身体;或闭眼、放松、作几次深呼吸,使情绪趋于镇定后再答题。

(三)正确对待考试

高职学生应该以平和的心态来对待考试,要认识到,考试是衡量自己学习好坏的一个重要标志,但不是唯一的标志,考试只是学校教育中的一个重要环节,但一次考试的分数并不能完全反映一个人的真实水平，更不能反映一个人的真实能力，所以，高职学生一定要正确对待考试，应不为分数所累，轻装上阵，沉着冷静地应试。

（四）寻求心理咨询指导

这里指的是对过度的考试焦虑和怯场的同学，必要时，应该寻求专业心理咨询人员的帮助，通过有针对性的科学训练和心理调适改变这种状态，顺利完成考试。

第五章　高职学生的人际交往心理问题研究

交往是人类的本质特征,没有交往就没有人类社会的形成和发展;同时,交往是个体发展的需要,离开了人际交往,其心理就不能形成与发展,也就不能成为真正的人。高职学生正处于学习知识和不断社会化的过程中,因而高职学生总要不断地遇到和处理这样那样的人与人的关系。正确认识和处理这些关系,对于实现人生目的和人生价值,对于确立正确的人生态度,具有重要意义。

第一节　人际交往的内涵

一、人际交往的概念

人际交往是指社会活动中人与人之间相互沟通信息、相互施加影响的过程。从本质上看,人际交往的过程是信息交流的过程,交流的内容就是思想、观点、情感、态度等信息。信息交流,主要是借助语言符号来进行,也以非语言符号为辅助手段,最终达到心理沟通、理解、协调和建立一定的人际关系之目的。

人际交往的双方互为社会的主体和客体。当甲方是信息源发出信息为乙方所接收,并对接收到的信息内容加工处理做出反应时,甲方就是主体,而乙方就是客体;反之,则乙方是主体,而甲方是客体。在双方的交往过程中,每一个参加者既是信息的发送者,又是信息的接收者,交往的双方反复发生着位置互换过程。

人际交往过程的双方都要求自己的伙伴有积极性。这就是,作为信息发送者在发送信息时都有一定的动机和目的,他所发出的信息内容和发送方式都和他的人格特点相联系,并受交往情境的影响。为了有效地影响对方,在向对方发送信息时,必须判断对方的情况,分析他的动机和目的,同时还必须预测到对方如何反应。信息的接收者对接收到的信息并不是机械地做出反应,而是通过自己的知识经验、价值观、态度等来决定自己如何反应。

二、人际交往的原则

人际交往的原则主要包括以下几方面(图 5-1)。

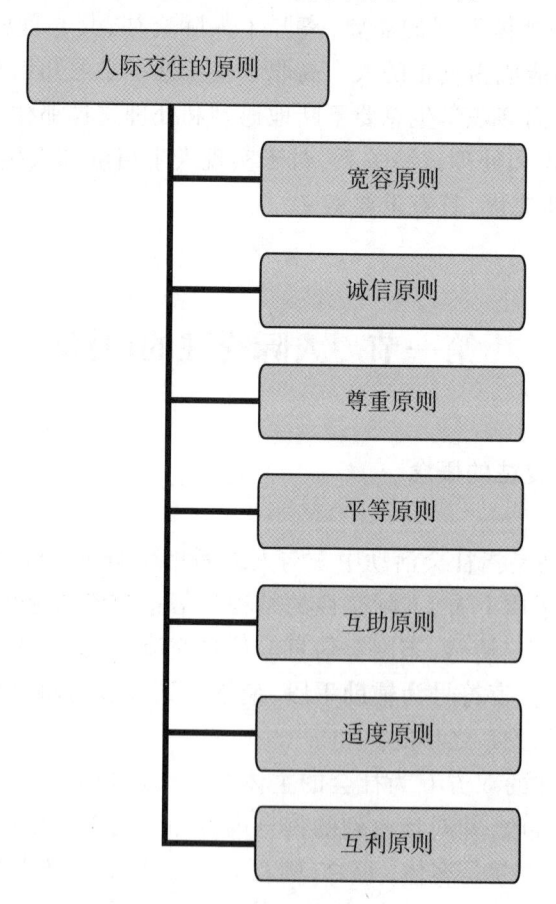

```
人际交往的原则
├── 宽容原则
├── 诚信原则
├── 尊重原则
├── 平等原则
├── 互助原则
├── 适度原则
└── 互利原则
```

图 5-1　人际交往的原则

第五章　高职学生的人际交往心理问题研究

（一）宽容原则

宽容就是在人际交往中对非原则性的人或事,采取一种原谅、饶恕、不予计较和追究的态度。

（二）诚信原则

诚信原则要求人们在交往中说真话、讲信用、重承诺,要直率坦荡、实事求是,要遵守交往双方的约定,不随意推脱敷衍。遵守诚信原则才能使交往对象感到踏实和放心,才能在交往过程中赢得信任和尊重。

（三）尊重原则

每个人都期望在人际交往中得到尊重,尊重能使人产生信任和坦诚等情感,缩短人们交往的心理距离。尊重包括自尊和尊重他人两个方面。自尊就是保持自身人格的尊严,即人的自重与自爱。每个人都有自己的尊严,也特别期望获得他人的尊重。

在现实生活中,与我们打交道的人并不一定都是自己所喜欢的对象,但即便如此,也应该在平等原则的基础上尊重对方,包括尊重他人的人格、权利和劳动成果。只有如此,才能获得他人的尊重。

（四）平等原则

平等原则是建立良好人际关系的前提条件。人们在交往的过程中都希望受到平等的待遇、建立平等的关系、进行平等的相处,这是人们对于交往的需要。虽然人际关系中的交往双方因社会角色不同对对方产生的影响是不对等的,但这并不影响双方交往中的平等地位。高职学生年龄、经历、文化水平等大体相似,无论来自农村或城市,学文或学理,年级高低,都应以平等原则与人相处和交往。若是自视特殊、居高临下、鄙视他人就会被集体所孤立,产生心理上的孤独感。

(五)互助原则

人际交往是以能否满足交往双方某种需要为基础的。互助即是在一方需要帮助时,另一方在能力范围之内及时地提供帮助,这种帮助包括物质、精神和情感等多个方面。在个体的人际交往过程中,互助原则是必不可少的。遵循互助原则可以进一步增进双方的情感交流,建立稳固的人际关系。

(六)适度原则

遵守这一原则,在主观上必须认识到,即使在最亲密的人际关系中,双方的心理世界也不可能达到完全的重合,即取得完全一致,而只存在多大程度上取得一致的问题。无论是同学之间、朋友之间还是夫妻之间,无论关系多么亲密、感情多么融洽,也无论双方在主观感觉上认为彼此是如何的完全拥有,双方都不可能达到认知、行为、态度和情感的完全一致。所以,要保持良好的人际关系,一定要坚持适度原则。

(七)互利原则

互利原则就是要求人们在人际交往过程中,双方都能得到好处和利益,获得心理上的平衡。这种互利既有精神上的互利,也有物质利益上的互利。人际交往中的精神互利就是指交往的双方互相接纳、互相肯定、互相支持、彼此宽容、共同发展。人际交往中的另一种互利体现为利益上的对等交换,即在人际关系中,交往的双方总是在价值观的指导下来衡量交往是否有价值,如果在两人的交往过程中,一方付出了很多,却没有或很少有回报,那么他(或她)就会心理失衡,觉得这种交往不对等,进而回避或主动结束交往。高职学生在人际交往中,应在互利原则的指导下,彼此求同存异、互相容纳,不但要欣赏、接纳对方的优点与长处,还要宽容、谅解他人的缺点与过失,在感情上相融相通,在物质利益上互惠互利,只有这样才能获得良好的人际关系。

三、人际交往的功能

人们只有在交往过程中,才能保证共同活动和目标的实现。人际交往具有以下功能(图5-2)。

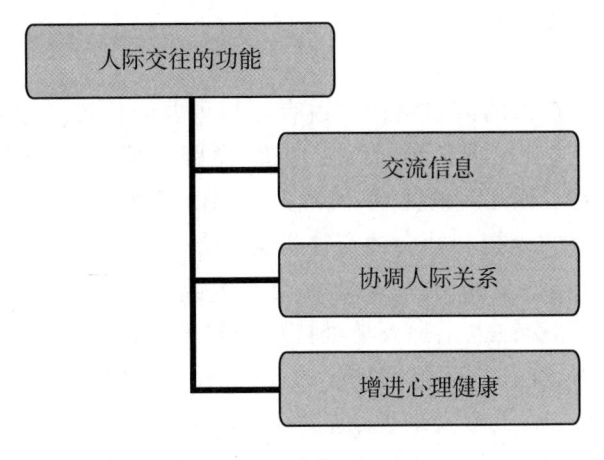

图5-2 人际交往的功能

（一）交流信息

通过交往,人们能很快地沟通信息、增长知识、启发思考。交往是一种思想交换的过程。信息沟通是人际交往的重要功能。每个高职学生不仅应从书本上学习知识,而且还应当在人际交往中学习知识,况且在人际交往中能学习到书本上学不到的东西。在学校,除了同学之间、师生之间的交往外,还应当参加一些以学习为目的的郊游、参观、社团活动等,在有组织的活动中进行各种各样的思想交流,以达到相互学习、相互理解、提高能力、丰富情感的目的。

（二）协调人际关系

人际交往具有能够使团体或组织内部各个个体之间保持行动上的协调和默契,以保证实现共同目标的功能。共青团中央组织的青年志愿者活动,吸引了许许多多的高职学生。他们自愿结成活动小组,为社会服务。在服务中,他们加强了与社会的交往,而且内部成员之间也结成亲密的朋友。当代高职学生的心理特点之一,是希望通过自己的人际交往,结识更多的朋友,增进自己的社交能力,更好地适应社会,更好地为社会服务。

(三)增进心理健康

交往需求在人的需求结构中占有相当重要的位置。如果这一需求得不到满足,就会出现孤独、忧伤、惊恐、急躁等情绪,从而导致心理疾病。有人研究了孤儿院的儿童,发现孤儿们由于过着平静而孤单的生活以及缺乏应得的爱抚和社会的交往机会,不仅在智力、言语能力上低于同龄儿童,而且社交能力差,缺乏社交愿望或狂热地要求他人的爱抚。由此可见,人际交往也正是人类维持精神健康的基本需要。一般说来,交往时间较多、交往空间范围较大的人,往往精神生活更丰富、更愉快。因此,人际交往对于个人来说,是生活中不可缺少的行为,从生到死都不能停止,充分的良好的人际交往是保障个体心理发展与健康的重要手段。

四、高职学生的人际交往

(一)高职学生人际交往的含义

广义上的高职学生人际交往是指高职学生在上学这个年纪与其有关的一切周边人群的相处关系,包括与老师、同学、家长以及社会人员的交往。狭义的高职学生人际交往是指高职学生在学校期间与他们生活有关的周边个体或群体相处,主要指的是与老师和同学的交往。

(二)高职学生人际关系的类型

一般来说,可以将高职学生的人际关系分为以下三种类型(图5-3)。

第五章 高职学生的人际交往心理问题研究

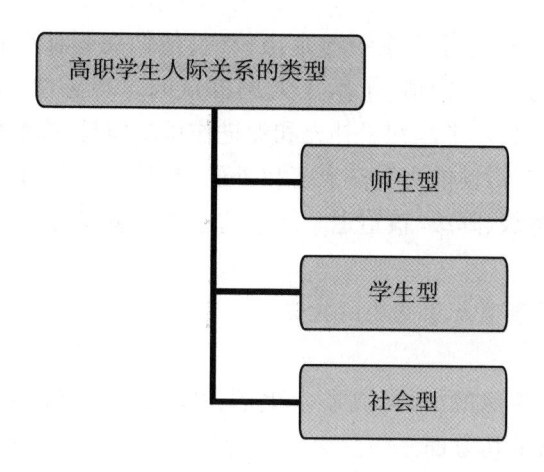

图 5-3 高职学生人际关系的类型

1. 师生型

教师和学生之间的交往关系是高职学校里基本的人际关系，即师生型人际关系。尊师爱生是师生关系的具体表现。高职学生要顺利完成学业，就必须与这些成员往来，彼此结成一定的人际关系。在这类人际关系中，学生是教育和服务的对象，教师是教育者，学校以学生为主体，以教师为主导。

2. 学生型

由于年龄结构、知识水平等大致相同，高职学生之间的感情最容易沟通。学生型交往关系包括两种。

（1）正式群体内同学之间的交往

正式群体内同学之间的交往，如专业、年级、班级、宿舍内的交往。

（2）正式群体之外同学之间的交往

正式群体之外同学之间的交往是由某种共同的爱好、兴趣，或某种需要、某种偶然因素所引起的。

高职中的同学关系具有特别的重要意义，处理得好，集体和个人都会受益。特别是在良好的班集体中，同学们可以互相帮助，团结友爱，对个人的身心健康有调节作用。

3. 社会型

社会型的人际关系就是高职学生和校园外的团体或个人之间的交

往关系。近年来,青年学生纷纷走出校门,他们在同社会各界的交往过程中,更多地了解了国情,了解了人民群众的思想感情,了解了新型的人际关系,对增长才干起到了补充和促进作用。但是,高职学生片面追求"探索"和培养"活动能力",热衷于校外的、与学习无关的活动,会导致学业荒废,甚至留级、降级、被迫退学等。这一点应引起高职学生的警惕。

（三）高职学生人际交往的特点

作为一个特殊的群体,高职学生的人际交往具有显著特点,概括来说主要包括以下几方面。

1. 人际交往的迫切性

高职学生是社会中一个较为特殊的群体,年轻活泼,思想活跃,认识事物的能力较强,自主意识也较强,精力充沛。由于绝大多数学生脱离了家庭的生活圈子,所以一般都有较迫切的人际交往愿望,想认识与熟悉更多的人,想交新的朋友。

2. 人际交往的情感性

高职学生交往的对象以同学为主体,交往中涉及的内容主要是学习、生活、思想、各种集体活动、娱乐等,增进感情和友谊是交往的主要目的。

3. 人际交往的不成熟性

处于青年时期的高职学生虽已具备了成年人的体格及种种生理功能,但其在家长的过度保护下,涉世未深,心智尚未成熟。

4. 与异性交往的强烈性和拘谨性

高职学生正处于青春发展的高峰期,尤其是性心理逐步趋向成熟。他们在心理上产生了与异性交往的兴趣与愿望,并不断增强,他们希望了解异性,得到异性的理解、尊重和爱慕。但在实际男女生的交往中,多数学生行为显得很拘谨,不能落落大方,怕人说闲话,因而制约了男女同学间的正常交往。

第五章　高职学生的人际交往心理问题研究

（四）高职学生人际交往的尺度

1. 高职学生的交往广度要适当

高职学生的交往广度一定要适当。目前，很多高职学生已经充分认识到人际交往的重要性，几乎每个人都有自己能够亲密交往的交际圈，但如果仅限于自己的交际圈，形成排他性，疏远可交的益友，就不利于信息渠道的畅通，妨碍了正常交往。另外，高职学生交往的范围也不要太广，如果范围太大，人数太多，将必然分散自己的精力，影响学习。

2. 高职学生的交往方向要明确

刚入校的高职学生，思想相对来说比较单纯，因此在人际交往过程中，同哪些人交往，交往的目的是什么，如何把握方向，就显得尤为重要。交往方向的不明确会直接影响人的健康发展。高职学生一定要明确自己的交往方向，以保证自己的健康发展。

3. 高职学生的交往程度要适度

高职学生的交往程度要适度，主要表现在以下几方面（表5-1）。

表5-1　高职学生交往程度要适度的表现

高职学生交往程度要适度的表现	具体阐述
交往的距离要适度	有的同学交往，关系好时形影不离，关系不好时就老死不相往来，甚至还互相攻击，这对高职学生的身心发展都是极为不利的。因此，高职学生一定要注意把握适度的原则，对于人际交往，不必短期全线突击，也不必利益稍有冲突就互相攻击，应该疏密有度
交往的时间要适度	在高职学生的社会性需要中，除了交往外，还有劳动、学习等内容。当然，必要的交往有利于高职学生的身心发展，但也应看到，有些时候人际交往会和学习等存在冲突的情况，因此，高职学生在时间安排上就要把握好适度的原则
与异性交往要适度	正常的异性交往会有助于高职学生的身心健康和人格发展。如果高职学生过分沉迷于尚不成熟的异性恋情，就会疏于学习和参加丰富多彩的社团活动，缩小了与其他同学接触的机会，影响了自己的进步与发展。因此，对于异性交往，高职学生一定要把握好适度原则

（五）高职学生人际交往的技巧

1. 给人以友善的微笑

高职学生在与同学的交往中,真诚的微笑也会给人留下美好而深刻的印象。尤其对那些受到老师或父母压力的人,一个笑容能够帮助他们了解一切都是有希望的,也就是世界是有欢乐的。

2. 记住对方的名字

在人际交往中,若是把对方的名字忘了,或写错了,就会令自己处于非常不利的地位。事实上,记住对方的名字,说明对方在你心目中是重要的。所以,高职学生在人际交往中一定要注意记住你想交往对象的名字,这样会取得事半功倍的效果。

3. 给人以真诚的赞美

会赞美别人是一种能力,要想使赞美取得好的效果,必须要做到以下几方面。

第一,赞美要具体实在。比如,如果你要赞美一位女同学,与其说"我喜欢你",不如说"我非常喜欢你今天的打扮"等,这样会让人觉得比较实在和真诚,言不由衷的赞美只会让人生厌。

第二,赞美要选准角度、恰如其分。假如你要向一位女同学表示赞美,而这位同学相貌平平,与其说她貌美如花,不如说她心地善良等。否则可能会让对方体会到讽刺的意味,从而不利于交往。

第三,赞美要讲究艺术。有时高职学生在交往时不小心说错一句话就可能会伤害其他人,赞扬也是一样的。比如,一个男生在和两个女生聊天,他想赞美一下两名女生,如果他对一名女生说"你虽然没有她美,但你却比她聪明",这样的话语一出,就将两名女生全部得罪了。所以,赞美一定要讲究艺术,否则只会适得其反。

（六）高职学生人际交往的意义

高职学生人际交往具有重要意义,概括来说主要包括以下几方面

(图 5-4)。

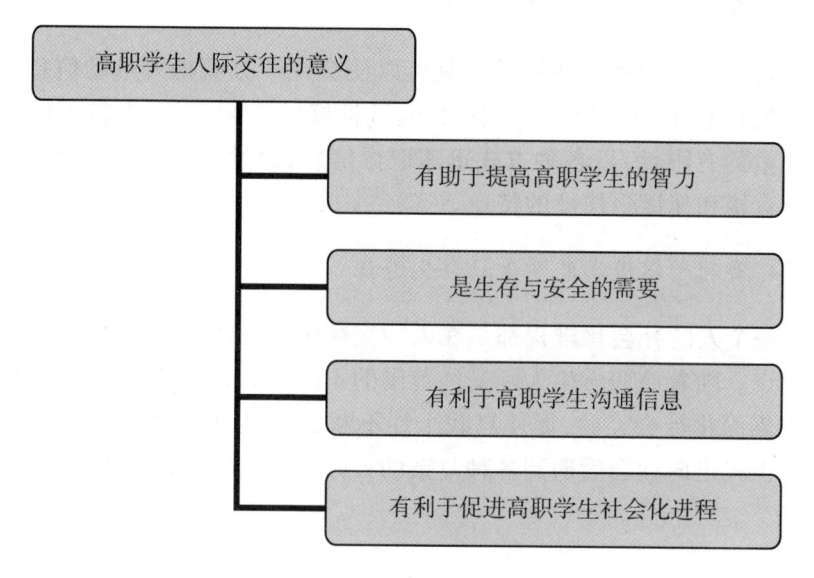

图 5-4　高职学生人际交往的意义

1. 有助于提高高职学生的智力

智力的开发,学习效率的提高,离不开人际交往,如果一个班集体或者寝室里,人际关系紧张,这样的生活环境会让人觉得压抑,而不开心的情绪也会影响学生的学习和生活。但是如果这个寝室或者班集体的氛围是健康、和谐的,那么生活在这样集体中的高职学生心情是愉悦的,而心情愉悦了学习劲头才能十足。因此,良好的人际关系能使学生之间互相帮助,互相启发,从而使大家的视野不断开拓,知识互相补充和促进,学习积极性不断地增强和提高。

2. 是生存与安全的需要

根据马斯洛的需要层次理论,在个体发展过程中,生理需要、安全需要、社交需要、尊重的需要、自我实现的需要是人们赖以生存的五种最基本需要。这五种需要共同构成了不同的等级或水平,并成为激励和指引个体行为的力量。每个人都需要别人的关怀和帮助,需要一种稳定的安全感,它表现为人们追求稳定、安全的环境,希望得到保护,能够免除恐惧和焦虑心理等。这种需要是一种精神上的需要。因此,高职学生人际交往的需要是人的一种基本的精神需要。

3. 有利于高职学生沟通信息

人际交往的重要功能之一是可以使交往双方获得大量的信息。一个人的信息量、知识面是有限的，通过良好的人际交往，人就可以克服信息量的有限性，以各种方式迅速取得信息，通过人际交往获得信息具有更直接和速度更快捷的特点。

4. 有利于促进高职学生社会化进程

每个人的社会化进程都是在人际交往中进行的，人际交往是社会化的起点。随着高职学生人际交往范围的不断扩大，他们就会从交往中不断积累深化社会经验，促使自我个性不断成熟，使自己不至于在不久的将来正式走向社会后遇到各种复杂的人际关系问题而措手不及。

第二节 高职学生常见的人际交往心理问题

一、高职学生出现人际交往问题的原因

高职学生出现人际交往问题的原因如图 5-5 所示。

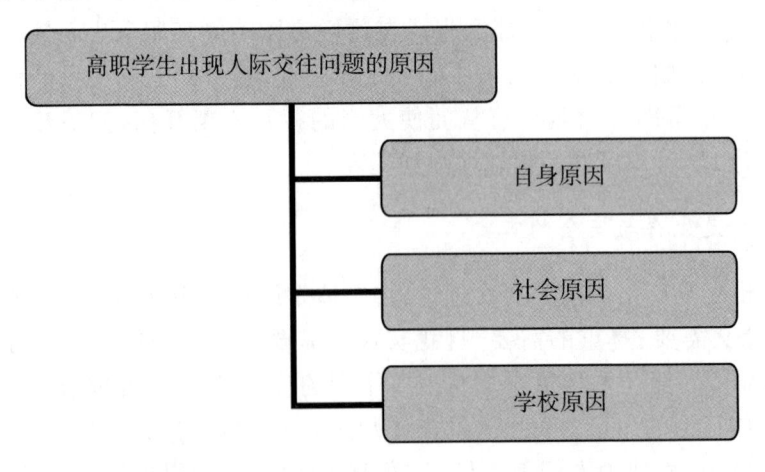

图 5-5 高职学生出现人际交往问题的原因

第五章　高职学生的人际交往心理问题研究

（一）自身原因

随着生理、心理的迅速发展,高职学生的参与意识逐渐增强,渴望认识社会、参与社会,扩大自己的生存空间;高职学生远离家庭生活,与亲人分离,情感失落,由于情感补偿的需要,他们渴望与人交往,珍视友谊。这些因素构成了高职学生交往需要的内在因素。但高职学生在人际交往的过程中也容易出现问题,其中突出的自身原因在于自我评价不当。过低评价自己,产生自卑心理,自卑心理又可以进一步导致羞怯心理;过高评价自己,则产生自负心理,自负心理又可以进一步导致傲慢心理。自我评价的偏差,导致人际交往过程中的失败。

（二）社会原因

当今的中国社会正处在一个迅速发展时期,随着改革开放的深入和现代化进程的加快,人们的思想观念和生活方式都在发生着深刻的变化。过去的封闭式生活与今天的信息时代已经格格不入,生活在既有竞争又有合作的现代社会,人们必须交流信息以获得知识,必须协调行动以提高活动效率,这些客观要求就使得人们必须加强相互间的交往。实行对外开放,不仅引进了国外的先进技术,促进了经济发展,而且也增加了与国外的文化交流,开阔了人们的视野,活跃了人们的思想,增添了人们的生活情趣,丰富了人们的交往内容。由此可见,今天的社会生活背景,是当代高职学生交往需要迫切性的客观原因,也是交往内容丰富性的现实基础。我们的社会正处在变革之中,新观念正在确立,旧观念并未完全消除,至今仍在影响着人们的思想。例如,传统观念轻视乃至鄙视社会交往,把善于交往的人称作"混子",而将不善于交往的人誉为"老实"等。当代高职学生已不会再明确赞同这些观点,但这些观念仍在不知不觉地发挥作用,严重抑制了高职学生交往的主动性。

社会对高职学生的影响是一种自发影响,既有积极影响,也有消极影响。社会上一些人互相利用,编织关系网;一些人拉帮结派,搞小集团;一些人任人唯亲,排斥异己;一些人不讲原则,只徇私情。这些不良的社会交往,对高职学生起着潜移默化的作用,是哥们义气的社会根源。

(三)学校原因

高职学生注重横向交往是由他们之间的接近性因素和相似性因素决定的。高职学生之间朝夕相处,为相互交往提供了客观条件。同学之间年龄、经历相同,生理、心理发展水平相当,理想信念一致,兴趣爱好类同,这些相似的自身条件使同学之间容易发生情感共鸣。所以,高职学生乐于横向交往。与之不同的是,师生之间年龄有差别,地位也不同,高职老师与高职学生相互接触机会不多,主要限于上课时间,而课外交流较少;交流的内容也比较单一,主要限于传播知识,情感交流相对缺乏。所以,高职学生缺少发展师生间的纵向交往。

高职学生的哥们义气主要存在于非正式群体之中。高职学生非正式群体十分普遍,非正式群体是由情投意合者自发形成,不像正式群体那样有明确的规章制度和行为准则,而是靠情感相维系,以情感来调节,非理性成分相当大。如果得不到正确的引导,由于非正式群体感情色彩浓重,加上高职学生感情自控能力较弱,往往容易失去正确的交往准则,被感情所左右,养成哥们义气的作风。

高职学生交往障碍普遍存在,与他们涉世不深、经验不足有关,由于缺乏交往方面的心理教育和技术教育,高职学生在交往中容易受挫,受挫之后再得不到及时的指导和调适,导致回避与人交往,自我封闭限制了交往能力的发展,反过来又加重交往障碍,造成恶性循环。

二、高职学生常见的人际交往问题

(一)孤独心理

孤独心理是一种经常独处或受到孤立,很少与人接触而产生的孤单、无依靠的心理。孤独心理产生的原因是多种多样的,概括来说主要包括以下几方面。

第一,性格过于内向,又不愿与人交往的人极易产生孤独感。

第二,个人性格的孤僻,拒绝别人的友谊。由于不愿与人交往,所以孤僻性格的人会产生孤独感。

第三,因与众人不和,受人打击,遭到他人有意的孤立而产生孤独的

第五章　高职学生的人际交往心理问题研究

心理。

高职学生孤独心理的产生，较多的情况源于个性内向，再加上生病无人照顾，吃不到可口的饭菜等原因，很容易产生孤独心理。

（二）羞怯心理

羞怯心理是学生中比较常见的人际交往障碍。具有这种心理的学生，在交往中过多地约束自己的言行，阻碍了人际关系的正常发展，造成了自己心理上的压抑和负担，不利于人格的完善和发展。事实上，与嫉妒一样，羞怯也是每个人都会体验到的。因为人际交往行为的成熟是一个发展过程，在发展未达成熟之前往往都会有羞怯的倾向。只要羞怯适度便不会出现严重的后果，但如果羞怯过度，则会导致高职学生出现严重的心理问题。

（三）嫉妒心理

嫉妒心理是指在意识到自己对某人、某物品的占有心理或占有意识受到现实的、潜在的威胁时，所产生的抱怨、憎恨等不健康的情感和行为。嫉妒心理的成因主要包括以下几方面。

1. 错误的认知

第一，认为别人取得成绩就说明自己没有成绩，别人成功了就说明自己失败了。

第二，认为别人的成功是对自己利益的侵害。

这两种错误的认知导致很多高职学生个体接受不了别人的进步和成功，从而激发了情绪和心理上的抵触反应。

2. 心胸狭窄

嫉妒是一种见不得别人比自己好，总希望所有人都不如自己的狭隘心理。有嫉妒心理的人往往虚荣心强、好出风头，凡事总想高人一等。如果万众瞩目的焦点不是自己，就会产生失落感。

就高职学生来说，嫉妒心理主要表现为以下几方面。

第一,对他人的成绩和长处不服,从而嫉恨在心。
第二,看到别人表现突出而不甘心,总希望别人比自己落后。
第三,看到别人处于劣势则感到莫大的安慰。

(四)自卑心理

自卑感是一种因个人自认为不如别人而产生的轻视自己的不良心理。影响着高职学生的学习、工作和生活等各个方面,对正常的人际交往影响极大。自卑心理的成因主要包括以下几方面。

1. 过大的心理落差

有些高职学生在小学、中学阶段,由于成绩很好,会成为出类拔萃的佼佼者,成为老师宠爱、同学羡慕的对象,处于中心地位。上了高职后,面对同样优秀的同学,自己则显得非常平凡,甚至在某些方面落后于他人,这种强烈的落差感,使高职学生在评价自己时可能产生一定的偏差。

2. 消极的生活经验

高职学生在人际交往中,因为某种生理、心理或社会生活的原因,可能会受到他人的嘲笑。高职学生在生活中也可能遭遇到一些挫折,如失恋、考试作弊受到处分等,如果高职学生心理调节能力不强,这些嘲笑和挫折很可能让高职学生产生自我否定,产生自卑心理。

3. 不当的自我评价

高职学生在入校后,他们的生活内容日益丰富,自己也会在越来越多的方面与他人进行比较,由于缺乏正确的理念,高职学生有时会拿自己的短处与他人的长处相比较,并将这种差距泛化,夸大自己的不足,觉得自己处处不如别人,从而产生自卑心理。

4. 消极的自我暗示

有自卑心理的高职学生,往往习惯于消极的自我暗示,他们经常会有"我是一个不讨人喜欢的人,还是不要与陌生人说话,免得又多一个人讨厌我""从来就没有人愿意与我交朋友"等想法,在人际交往中对自己的期望值很低,心态比较消极。

自卑心理的表现主要包括以下几方面。

第一,有自卑心理的高职学生缺乏自信,容易自惭形秽,做事经常采取逃避、闪躲的方式。

第二,自卑心理强的高职学生凡事期望值过高,惧怕丢丑、受挫或遭到他人的拒绝与耻笑。

第三,自卑心理强的高职学生极度缺乏自信,认为自己各方面都不如人,怀疑别人小瞧自己。

第四,自卑心理强的高职学生为了掩饰自己极度的自卑心理,反而表现出狂妄自大、目中无人的行为特征,给人一种缺乏朝气,缺乏能力的印象。

(五)闭锁心理

闭锁心理是指青少年进入青春期后自觉或不自觉地封闭自己的心理活动,不轻易外露自己的内心世界和情感,甚至把自己与别人隔绝起来的心理现象。

高职学生产生闭锁心理的原因是多方面的,既有性格方面的原因,也有挫折经历、环境的影响,以及家庭与学校教育方式等方面的原因。生长在和谐融洽的家庭、经常得到父母的关心、接受民主型教育方式的高职学生,其闭锁心理表现不明显;相反,与父母关系紧张,或父母只关心学业而忽略其他方面的发展,或在放任溺爱的家庭中成长起来的学生,其闭锁心理表现明显,在残缺家庭中长大的学生心理封锁现象尤其普遍。高职学生中与老师关系融洽友好、与同学亲密无间、好朋友较多的学生很少表现出闭锁心理;相反,与老师关系紧张情绪对立、缺少朋友的学生,其闭锁心理表现显著。学习成绩不理想的学生,其闭锁心理表现也较突出。

(六)猜疑心理

猜疑心理是由主观推测而产生不信任的一种复杂的不良心理。猜疑心理重的人不但在社交中不信任他人,而且严重的会产生心理病变。猜疑心理形成的原因主要包括以下几方面。

1. 错误的思维

猜疑者总是从假想目标开始,最后又回到假想目标,就像一个圆圈一样,越画越圆。

2. 个性中缺乏自信

一个不自信的人,看到别人在背后议论,就以为在议论自己。因为内心深处对自己的不自信,才会对他人产生不信任感,进而把所有的人都当成迫害自己的人。

有猜疑心理的人在思想上经常进行毫无事实根据和缺乏逻辑的判断推理,经常无中生有。在情感上表现为疑心重重,对他人言行极度敏感。有猜疑心理的人认为谁都不可信,谁都不可交。因此,在交往中他们时刻隐瞒自己的真实思想或行为,给人一种心胸狭窄、很有心机的形象。

(七)"自我中心"心理

以自我为中心的人在交往中具有以下几方面的特征。

1. 唯我独尊

以自我为中心的人总是将自己的意志强加到别人的头上,以自己的态度作为他人态度的"向导",认为别人都应该和他有一致的看法或意见。以自我为中心的人很难引起别人的共鸣,因而其交往只能停留在较低的水平上。

2. 很少关心别人

以自我为中心的人很少关心别人,总是与别人很疏远。这种人凡事都从自己的利益出发,从来都不顾及别人的感受,所以当有事求别人时才会临时抱佛脚,而如果没事求人时,则总是一副高高在上的样子,很少关心别人,对别人没有丝毫的热情,感觉别人都是要为他服务一样。对于这种人,没有人愿意与其交往,久而久之就成为大家疏远的对象了。

3. 自尊心过分强烈

以自我为中心的人有很强的自尊心,在别人看来可能很小的一件事,在他们身上都会产生强烈自尊心受挫的感觉。他们不愿损伤自己的自尊心,于是不择手段地来维护自己的自尊心。

第三节 高职学生人际交往问题的调适策略

一、孤独心理的调适

孤独心理是一种不良心理,高职学生可以通过以下几种方式来调适自己的孤独心理。

(一)不断自我反省

当受到别人孤立时,要剖析自我,分析是否是自己的原因。如果原因在于自己,应积极改正自己的不足,并主动向对方道歉;如果原因不在自己,则可暂时摆脱这个小圈子,转移或扩大自己交往的方向与范围,从新的人际交往中寻求精神支持。

(二)逐渐改变孤僻的性格

第一,要认识到不良的性格给自己带来的不利影响,要多与同学来往,逐步学会怎样与别人沟通交流。

第二,要多参加社会实践,扩大交往的范围,在集体中体验与感受温暖与友情。

二、羞怯心理的调适

(一)转移注意目标

不少同学在与人交往或发表自己的见解时,总是过分地担心自己的外表形象,并且常不切实际地幻想给别人留下一个完美无缺的印象。这方面的意识过强,在活动之初就会表现得很拘谨,甚至想方设法地掩饰自己,结果往往是越掩饰越糟糕。因此,高职学生应该学会转移自己注意的目标,如把注意力集中在双方交流的内容上,这样就无暇去顾及自己的外表形象,对克服羞怯心理具有积极作用。

(二)客观地评价自己

易害羞或有退缩行为的同学,往往喜欢拿自己与别人比,看到别人比自己优秀,就妄自菲薄,以致失去勇气。其实,每个人都有自己的长处,高职学生应该多看到自己的长处,减少自责与挑剔。总之,高职学生要客观地评价自己。

(三)积极参加集体活动

害羞的一个主要原因是信心不足,担心自己说话或办事不周。参加集体活动是帮助克服羞怯感、退缩行为的好办法。因此,具有羞怯心理的高职学生一定要放下思想的包袱,平时注意多参加集体活动,并在活动中发挥自己的特长,从而使自己进一步融入群体中,增加自己的自信心。

(四)掌握一定的训练方法

1. 积极地自我暗示

积极地自我暗示是指通过默念一些积极的指令性语言来增强自己的信心,如反复默念"我不紧张"等。这种暗示可起到消除过度紧张、放松情绪的作用。

2. 演习和排练

有羞怯心理的高职学生要多进行自我训练,即训练在不同社交场合如何讲话以"打破僵局",可以先拟好"开场白",甚至编好整个底稿、在镜前演练,并试着正眼盯着"对面的人",请求帮助。

三、嫉妒心理的调适

嫉妒是一种十分有害的不良心理,对这种不良心理的调适主要从以下几方面入手。

(一)学会欣赏别人的成功

没有人是绝对完美的,在某些方面,别人领先自己是正常的,要正视别人的优点和自己的缺点。要知道在任何一个群体里,总有人比较优秀,也总有人相对落后,不必患得患失。

(二)要克服极端利己主义的思想

嫉妒心理是极端利己主义思想在作祟,有嫉妒心理者往往目光狭窄、处处只考虑自己。要克服这种思想,就要学会去接纳别人的进步和发展,释怀自己与他人的差距。

四、自卑心理的调适

(一)正确认识自己

自卑者有一个共同的特点,只要叫他说说自己的长处,往往说不出来,但是如果要让其说说自己的短处,他就会说出很多,同时对于别人给他提出的长处,也不能很好地接受。因此,自卑者要走出自卑的心理阴影,必须学会从多个角度了解自己,并能客观公平地评价自己,做到既不妄自菲薄,也不心高气傲。每个人都无法做到完美,我们必须学会接纳自我,学会正确的比较,做到扬长避短,以弥补自己的不足。

(二)进行积极的自我暗示

要经常对自己说"我能行!我可以的!"等,就会产生积极向上的力量,增加自信和乐观,形成良性循环。

(三)观察和学习自信的人

自卑的人应当在交往中多观察、学习自信的人的行为方式及表现。经常观察自信的人的言语表情和非言语表情之后,可以选择一位作为自己的模仿对象,当自己自卑的时候,就回想或者想象自信的人应该是怎样的表现。

(四)制定合适的理想目标

现实与理想间的差距太大往往让人自卑失落。摆脱自卑心理的一种重要方法,就是制定合适的理想目标,在对自身现实条件和发展潜力进行认真细致分析与预测的基础上,本着通过努力能够实现的原则,科学地确立未来的理想与目标。只有这样,人们才能在实践中不断取得成功,增强自信心。如果确立的理想过高而难以实现,会让人因受挫而失去信心;如果确立的理想目标过低,又会因为目标太容易实现而不愿去努力。因此,一定要制定合适的理想目标。

五、闭锁心理的调适

闭锁心理作为高职学生心理发展过程中存在的一种心理现象,对其顺利实现社会化有着消极影响。因此,克服闭锁心理,对于高职学生适应社会有着重要意义。概括来说,高职学生可以通过以下几种方法来对闭锁心理进行调适。

(一)摆正自己的位置

健康的交往是建立在双方平等基础之上的,尊重别人同时保持自尊,因此,孤僻者只有正确地认识自己,摆正自己的位置,在与人交往时才会感到坦然。

（二）正确认识自我

正确认识自我是矫正孤僻心理的突破口,孤僻者大多对于自我有不正确的认识,有些人自命不凡,将自己的孤僻视为个性,因而通过自我反省来正确认识自己尤其重要。孤僻者要有意识地挖掘生活中美好的事物,发现那些感人的真爱,要求自己尽量以热情的方式待人,逐步放开自己的心灵。

六、猜疑心理的调适

猜疑会导致人际交往无法正常发展,因为猜疑者会在人际交往中一味地以自己的方式对待别人,会伤害他人感情,无事生非,同时也会使自己处于不良的心态之中。大家可以通过以下几种方法来对猜疑心理进行调适。

（一）培养自信心

自信心是对自己实力的认可,也是必胜的信念,自信心的培养有助于看到自己的希望并转移对别人的胡乱猜疑。

（二）强化事业心

一个致力追求事业的人,在现实中是不会为人际关系中的一些琐事而自寻烦恼的。相反,事业心较差的人,极易萌生猜疑之念。

（三）学会自我调剂

人生几十年,与他人产生误会、遭到别人的非议和流言是在所难免的事情,不必大惊小怪。如果过分拘泥于一些生活琐事,那么岂不是要徒增许多烦恼?

（四）学会识别人

有猜疑心的人常常不信任别人，这种不信任一方面是客观上不了解别人，另一方面是主观上不愿意了解认识别人。所以，主观上要多与周围的同学、教师乃至亲朋好友接触，在交往中学会观察、了解、识别他人，并结合间接了解得到的信息，可以得到较为全面客观的评价。

七、"自我中心"心理的调适

高职学生可以通过以下几种方法来对"自我中心"心理进行调适。

（一）平等相处

平等相处是要求自我中心的人以一个普通人的心态和身份与别人相处，这样才能使人际交往的天平始终处于平衡的状态，也只有这样才能和别人友好相处。

（二）淡化自我

人与人相处中的"自我淡化"很重要，自我中心的人往往计较别人的一言一行，这种过于敏感的自我评价，常常同他们心目中的自我地位的膨胀有关，心目中自我的地位削弱了，对别人的计较就会少得多，自然会听进别人的建议，接受别人的看法，也能够与别人很好地相处了。

（三）学会接受批评

只有能够接受别人正确的意见，承认自己的错误，才有可能通过批评改掉过去固执己见、唯我独尊的形象。

第六章　高职学生的情绪问题研究

处于青春期的高职学生,心理上正经历着急剧变化,反映在情绪方面,表现为情绪起伏波动大,体验深刻、丰富和复杂,容易陷入情绪困扰。这一特点会对高职学生的学习和生活等产生一定影响。因此,高职学生有必要对情绪的相关知识有所了解,以便于自己在出现情绪问题的时候,能够用正确的方法来管理。

第一节　情绪的内涵

一、情绪的概念

情绪是人对客观现实的一种反映形式,是客观事物是否符合人的需要与愿望、观点而产生的一种体验。具体来说它有如下两个方面的含义。

客观现实是人类情绪产生的源泉。心理学认为,客观现实是人的情绪的源泉。这是由人的本质属性以及与客观现实的相互关系所决定的。人只有在丰富多彩的客观世界中,在客观事物的刺激和影响下,才能产生主观评价和态度,也才能表现出多姿多态的情绪体验。

需要是客观现实和主观体验的中介。情绪作为一种主观体验,它所反映的不是客观事物本身,而是主体的需要和客体相互作用的结果。现实世界中的事物是千姿百态的,但人并不是对所有事物都会产生情绪体验。使人情绪发生变化的关键,是某事物的发生与人的需要程度有关。例如,在一般情况下,说话声并不能引起我们的情绪体验,但当我们需要冷静地集中思考某问题时,说话声可能就会引起不快的情绪体验;当你急切地盼望下课时,铃声就会使你感到欣喜。这说明客体能否引起人的情绪是以人的需要为中介的。凡是能满足人的需要、愿望与观点的客观事物,就能使人产生积极的情绪体验,如愉快、喜爱、满足等肯定的情绪体验;凡是不符合或不满足人的需要或违背人的愿望和观点的客观事物,就能使人产生消极的情绪体验,如厌恶、不满、痛恨等情绪体验。[1]

二、情绪的功能

概括来说,情绪的功能主要包括以下几方面(图6-1)。

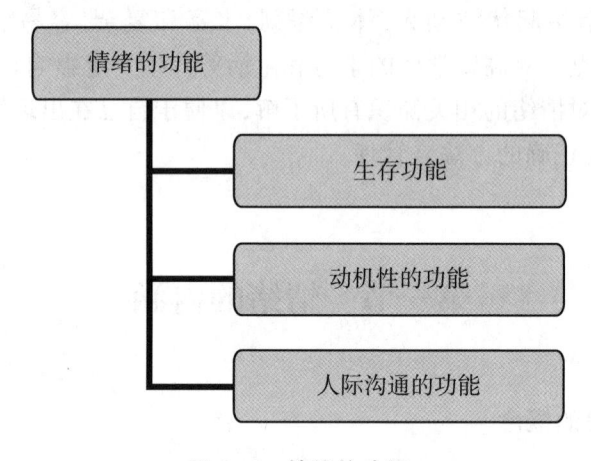

```
情绪的功能
├── 生存功能
├── 动机性的功能
└── 人际沟通的功能
```

图6-1　情绪的功能

(一)生存功能

由于生理反应与情绪密切相关,所以当遇到危险状况时,我们马上会有紧张害怕的感觉,同时心跳加快、呼吸急促,产生"奋力对抗"或"落荒而逃"的反应,以便保护自己,避开危险。所以说,情绪具有生存的功能。

---

[1] 吴畏.高职学生心理健康[M].苏州:苏州大学出版社,2009.

(二)动机性的功能

情绪能够源源不断地产生能量,用以推动人的各种活动,使我们过一个积极进取和有贡献的人生。然而在我们的生命中,不可避免地会出现各种不好的情绪,这些情绪在一定程度上会耗损人们的能量,但即使是这些不好的情绪也有积极的一面,因为人们在因为出现消极的情绪而感到痛苦时,自身也会得到成长。

(三)人际沟通的功能

人与人之间最重要的是情感的交流,情绪的表达可以增进人际的沟通。当有情绪时,我们才知道自己内心真正的感受,也才有机会向他人表达,以维护自己的权益,或者增进彼此的情谊。

三、情绪的价值

情绪的价值如图 6-2 所示。

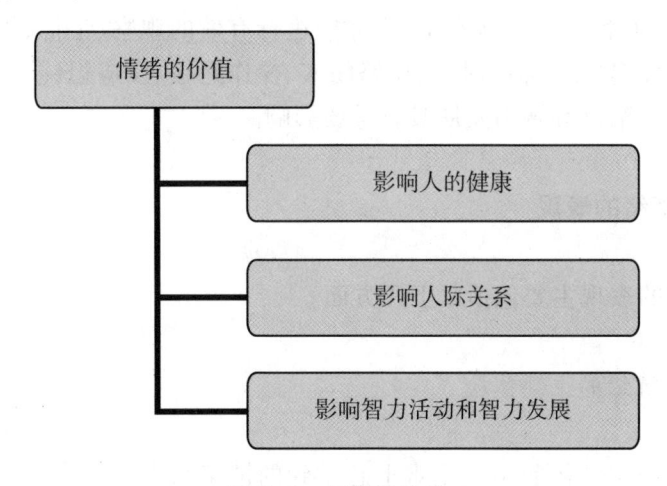

图 6-2　情绪的价值

（一）影响人的健康

良好的情绪可使人体内环境保持平衡，一方面内分泌适度，另一方面神经系统活动协调，各内脏器官功能正常，给人带来健康的体魄，有利于预防和治疗疾病。

（二）影响人际关系

人与人之间的心理关系，受许多因素的影响，而人对人的态度如何，则是影响人际亲疏关系的重要因素。相同的情绪反应能帮助人们互相了解，传递信息，使人们互相感染，互相接近，心理距离越缩越短。但是，如果不尊重别人的人格，对他人缺乏真情实感，那只会把人际关系越搞越僵。

（三）影响智力活动和智力发展

人的情绪是在认识过程中产生的，但又反过来影响认识。我们经常会感到，在心情良好的状态下，人才能进行有效的观察、记忆、想象和思维。而心境低沉或郁闷时，则思路闭塞、操作迟缓、反应迟钝。所以说，情绪对智力活动和智力发展具有重要影响。

四、情绪的表现

情绪的表现主要包括以下几方面。

（一）情绪的主观体验

情绪的主观体验指人主观上感觉到的情绪状态。情绪有十分独特的主观体验色彩，如受伤害时感到痛苦，需要得到满足时感到愉快，面临危险时感到恐惧，遇到被侮辱时感到愤怒等。

（二）机体的变化

由于情绪刺激的作用，可以引起呼吸系统、循环系统、消化系统等一系列的变化，也可以引起代谢和肌肉组织的改变，因此，在人发生情绪时，内脏器官和内分泌腺体等都有一系列生理变化。

（三）情绪表达

1. 面部表情

面部表情是情绪表现的主要形式，是指眼、眉、嘴等的变化。在面部表情中，以眼最为传神，眉开眼笑、暗送秋波都是从眼睛里传出去的。

2. 言语表情

情绪在语音、节奏、速度、声调等方面的表现称为"言语表情"。研究表明，言语表情所传达的情绪信息比言语本身更多。例如愤怒时声音高、尖且有颤抖；喜悦时声调、速度较快，语言高低差别较大。

3. 体态表情

人体的各种不同姿态组合都会有不同的内容。一个人歪着头听你讲话，可能是欣赏的态度；左顾右盼是不诚心的态度，摇头晃脑是心不在焉或不耐烦的态度。每一个姿态都有内在的含义，都在表达情感。

五、健康情绪的标准

健康情绪的标准主要包括以下几方面（图 6-3）。

（一）反应适度

个体的情绪不但有明确的诱因，而且反应也要适度，即事件的发生对个体刺激的强弱应该与个体出现的反应成正比，如果一个人因为一件事情悲伤几天是正常的，但如果一直沉浸在悲伤中无法自拔，甚至出现自残的行为,那就说明该个体的情绪反应过度,是情绪不健康的表现。

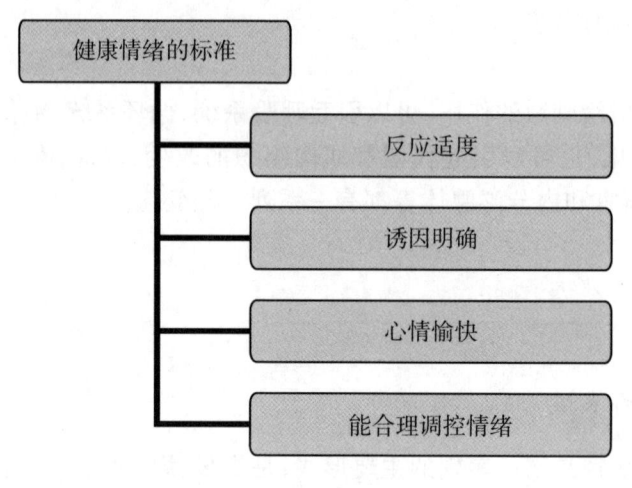

图 6-3　健康情绪的标准

（二）诱因明确

个体情绪的出现必然会有一定的原因,这是情绪健康的一个重要标志,正常的健康情绪都是存在一定诱因的,且诱因明确,不同的诱因会产生不同的后果。例如,某件事取得了成功,个体会获得高兴的情绪体验;如果有不幸的事件发生,则个体会出现悲哀的情绪。无缘无故地喜怒哀乐都是不健康情绪的表现。

（三）心情愉快

心情愉快也是个体心理健康的一个重要标志,因为只有心情总是愉悦的个体,才能将自己的正面情绪带给身边的人,其他人也愿意与其交往。但如果一个人总是愁眉苦脸,为一点小事就生气和悲观失望,那么就说明他的情绪是不健康的,需要进行相应的调节。

（四）能合理调控情绪

健康的情绪是可以受自我调节和控制的,人们可以情绪转移,也可把消极情绪转化为积极情绪,还可把激情转化为冷静等;不健康的情绪则自我调节能力差,一旦激情暴发,犹如脱缰的野马不可驾驭,如果是消极情绪还会酿成不良后果。懂得如何调控情绪,并能从别人调整情绪的方法中借鉴到一些适合自己的情绪调控方法,是一个情绪健康者最应学会的保持身心健康的一项技能。

六、高职学生的情绪

(一)高职学生情绪的特点

高职学生正处于生理、心理及思想急剧变化发展时期,该阶段的高职学生情绪上有其自身特点,主要体现在以下几个方面(图6-4)。

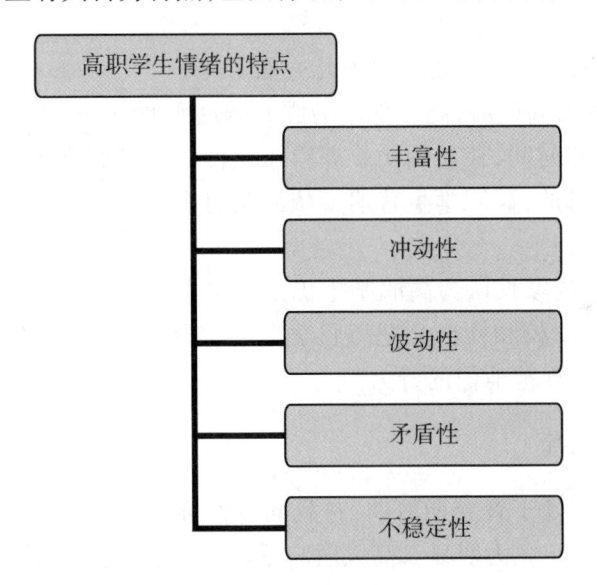

```
高职学生情绪的特点
├── 丰富性
├── 冲动性
├── 波动性
├── 矛盾性
└── 不稳定性
```

图 6-4 高职学生情绪的特点

1. 丰富性

随着生理和心理的不断成熟,高职学生通过各种活动了解社会,对自己的性格特征、能力特长、身份地位和道德水平等有了更深刻的自我认识和评价,专业成长、恋爱、人际交往和就业等新问题逐渐出现在高职学生面前,这些需要和问题相应地产生了各种不同的情绪体验,使高职学生的情绪、情感特别丰富。

2. 冲动性

高职学生由于生理和心理等发育还不完全成熟,缺乏一定的社会阅历,所以对外界事物比较敏感,在遇到外界的强烈刺激或突发事件时情绪容易被激发,很容易感情用事。

3. 波动性

社会、家庭、学校及生活事件都会对高职学生的情绪产生各种影响。在社会转型过程中,高职学生面对复杂的社会现象易产生困惑和迷茫,心理会有许多矛盾,使高职学生情绪摇摆不定,表现出极大的波动性。

4. 矛盾性

这种矛盾性主要体现在以下几方面。

第一,进入高职后,高职学生的成人感迅速增强,可以自由支配自己有限的财物和时间,让他们初步获得了生活的掌控感和独立感,但是这种独立是相对的,高职学生普遍要依靠父母提供经济支持,才能完成大学学业和生活。

第二,多数家长认为高职学生仍是未经世事的孩子,对他们的生活呵护有加,而学校和社会又把高职学生认同为社会成员,按照社会中的成年人要求来规范他们的行为。

5. 不稳定性

高职学生处于青春期后期,自我同一性逐渐稳定,这一时期情绪上的起伏与不稳定尤为明显。高兴时忘乎所以,消沉时心灰意冷。情绪呈现不稳定状态。喜怒哀乐无常、"阴晴雾雨"变化是高职学生情绪常见的现象。

(二)高职学生情绪的影响因素

影响高职学生情绪的因素是多种多样的,概括来说主要包括以下几种。

第六章 高职学生的情绪问题研究

1. 家庭因素

家庭的任何一点微小变化、家庭成员的任何态度都会引起高职学生情绪的波动。同时,良好的家庭关系,也是抵抗情绪困扰的最好武器。校园是高职学生学习和生活的场所,他们的喜、怒、哀、乐都和校园密切联系在一起。学校一方面提供了高职学生增长知识、开阔眼界、培养才能的条件。同时学校的规章制度、某些教育方式和方法失当,与高职学生的自身需要造成矛盾,给高职学生带来极大的压力,造成情绪困扰。

2. 社会因素

社会是高职学生最终的去处,高职学生在学校学习的目的,就是将来能服务于社会,并以此获得必需的生活条件。因此,社会的要求也成为支配和制约高职学生需要的条件。在这种情况下,高职学生的情绪变化往往与对社会的看法及价值观密切相关。如社会上有人宣传"读书无用论""挣钱是最有出息的",出现"脑体倒挂"现象时,就会损伤一些同学的学习积极性,并伴随着一些困惑,造成一些无形的精神压力。

3. 心理因素

生物因素对情绪的影响是明显的,但不具有决定性的作用。因为任何一种生理不良反应,都经过心理活动的转化而通过某种情绪状态表现出来。但与此相反,心理因素对情绪的作用却是决定性的。心理学认为,片面、错误的认知方式和非理性观念,往往是个体产生自卑、焦虑、抑郁、恐惧、冷漠等不良情绪的根本原因。由于认知错误而造成的不合理信息,也是造成不良情绪的重要心理因素。不合理信念,具有以下三个主要特征。

(1) 绝对化的要求

绝对化的要求指人们以自己的意愿为出发点,对某一事物怀有必定发生或不会这样发生的信念,对事物做出绝对化的判断。如有的高职学生认为一名优秀的高职学生就应该在各方面都非常优秀,否则是无法容忍的;对于那些卑鄙、丑恶的人,我们应该给予严厉的指责和惩罚。这样的人往往按照自己的意愿去评价周围的事物,而忽视客观事物的规律性。因此,极易陷入情绪的困扰。

（2）过分概括化

这是一种以偏概全的不合理思维方式。这种概括化，既可能发生在自己身上，也可能发生在对他人的评价上。如有的高职学生一次考试失败、一次出现人际关系紧张、一次组织活动不理想，就认为自己无能，结果导致自责、自卑、焦虑或抑郁等不良情绪的产生。还表现在对他人的评价上，因他人的一次或几次错误或失误，就一味地责备、贬低，并由此导致敌意或愤怒情绪的产生。

（3）糟糕至极

这是一种认为某一事情一旦发生就会非常可怕、非常糟糕的信念。如有的高职学生认为"考试不及格简直无脸见人""无法忍受失恋的痛苦"等。这些想法会导致个体陷入极端不良的情绪体验之中。实际上，任何事情都有可能发生比想象还坏的情景，但也没有必要把任何一件事看作百分之百的糟糕。在人生旅途之中，确实会碰到许多不如人意的事情发生，我们要面对现实，努力改变引起情绪困扰的情境，学会在逆境中生活。

第二节　高职学生常见的情绪问题

一、焦虑

焦虑是由几种情绪混合而成的情绪体验。焦虑情绪可能突然发生，也可能缓慢产生。产生焦虑情绪时，人们会感到内心有一种难以适应的紧张与恐惧。一般情况下，当造成情绪紧张的外部刺激消失后，紧张就会解除，机体就会恢复到原来的正常状态。因此，从心理健康的角度，紧张和焦虑并非一定是消极的，适度的紧张往往会产生积极的效果，如有利于集中注意力，认真分析现实，积极思考消除紧张的对策和方法；有利于分析动机，修正目标；有利于调动潜能和思维。而过分的焦虑则会出现严重的后果，具体来说，过度焦虑的表现如下。

第一，从生理反应来看，出现心跳加快、出汗、失眠、食欲不振、神经过敏等表现。

第二，从心理行为来看，总觉得心慌意乱、坐立不安、浑身无力、情绪消沉、思维杂乱、注意力分散、做事急躁、言语激动等。

焦虑情绪的产生往往与缺乏自信心和出现认知障碍等有密切关系。

二、狂喜

人逢喜事精神爽,春风得意马蹄疾。快乐的情绪对每个人都是必要的,对人的身心健康和事业成功也是有益的。但遇到高兴的事,就欣喜若狂,手舞足蹈,忘乎所以,没有节制,就会起到相反的作用。俗话说乐极生悲,有的高职学生取得一些成绩便沾沾自喜,久久不能步入正常的学习生活,影响了学业。还有的同学为了满足自己的兴趣爱好,尽情地跳舞、游玩、打牌、下棋、参加体育比赛,弄得精神疲惫,无心学习,这说明适时、适度的积极情绪是有利于身心健康和成才的,但积极情绪也会因反应过度而对人的全面发展造成不良影响。

三、自负

自负情绪的产生往往与对他人评价和自我评价有关。那些能力强、知识面广、机灵、学习好、家庭条件优越的高职学生容易产生自负情绪。还有的同学的自负情绪产生于对别人的过低评价和过高的自我评价。这样的同学往往只看到自己的长处和别人的短处,其后果可能是削弱上进心,学习成绩下降。高职学生自负情绪的表现不像中小学生那样外露,但也能从言行举止中明显地表露出来,如常常表现出对别人的讲话、成绩不屑一顾等。

四、抑郁

抑郁是在持续的精神刺激作用下产生的一种以情绪低沉为特点的情绪体验。愁绪满怀、郁郁寡欢、意志消沉,甚至日不思食、夜不能眠等,都是抑郁情绪的典型表现。抑郁情绪也有正常和不正常之分。

正常的抑郁情绪大多与客观原因有密切联系,如高考落榜、情场失意、亲人亡故、学习和事业受挫等,这些客观原因往往能导致人的精神受到严重创伤和刺激。但这种由有形原因引起的抑郁情绪反应,往往不会影响人参加正常的学习和生活,而且经过一段时间后,这种情绪反应逐渐减弱甚至可以消失。

不正常的抑郁情绪则刚好相反：一是持续时间长；二是情绪低落但找不到明确原因。在这种情绪状态下，良辰美景、鲜花圆月、轻歌曼舞都变成了灰色的和毫无生气的。这种较严重的抑郁情绪往往使正常的学习和生活受到明显的影响，严重者还会反复出现自杀的念头和行为。

处于抑郁状态的高职学生，需要的是周围朋友的耐心陪伴和感受到被接纳，同时，更重要的是让抑郁状态的高职学生动起来，当行动占据了更多时间，从行动中得到成就感，渐渐建立价值感，抑郁状态就能得到缓解。

五、嫉妒

嫉妒是自尊心的一种异常表现，具体表现为：当看到别人长得比自己漂亮或者穿着打扮超过自己时，内心就会出现愤怒、痛苦等感觉，当自己嫉妒的对象遭遇到困难和挫折时往往暗自高兴。

嫉妒是一种情绪障碍，这种障碍会扭曲人们的心灵，对于人与人之间的交往极为不利。嫉妒心强的高职学生不但容易患上疾病，而且对于自身的发展也具有阻碍作用。对于嫉妒，高职学生应该努力调节，可以通过不断提高和完善自己来调适这种情绪。

六、冷漠

冷漠是一种对人和事都漠不关心的情绪体验。一般来讲，高职学生正处于人生的金色年华，对于很多事情都会产生浓厚的兴趣并注入极大的热情。但有的高职学生却表现出对一切都冷漠、无关痛痒的态度，比如对学习漠然置之，对成绩好坏满不在乎，对集体漠不关心，不闻不问，对他人冷漠无情，对环境无动于衷。这种情绪的产生大多与个体所处环境以及个性特点有很大关系，如家庭关系失和的体验，导致对亲情友情认知出现偏差，而不相信人间真情。冷漠的学生表面上看是无动于衷、冷漠无情，但实际上内心却十分痛苦、孤寂，有一种"说不清"的压抑感。结果本人更加痛苦，而且还会造成人际关系紧张，后患无穷。

七、愤怒

愤怒是由于客观事物与人的主观愿望相违背,或因愿望无法实现时,人们内心产生的一种激烈情绪反应,特别是在所遇到的挫折或失败是不合理的,或被人恶意造成时,最容易产生愤怒。正处于青春期的高职学生身心在发生急剧的变化,情感丰富强烈且起伏波动较大,与其他年龄段相比,会更加敏感且争强好胜,容易在外界刺激下产生愤怒情绪。心理学研究表明,愤怒的爆发往往是由于外界的刺激在大脑皮层引起强烈的兴奋灶,以致造成意识狭隘的现象,愤怒的发生不仅会使人体心跳加快、心律失常,还会使人的自制力减弱甚至丧失,思维受阻,行为冲动,做出一些后悔莫及的事。

第三节 高职学生不良情绪的管理

一、调整认知

在现实生活中,高职学生出现的一些困扰很多都不是由诱发事件直接引起的,而是由自身不合理的认知引起的。高职学生合理的认知会出现合理的情绪,而不合理的认知则会出现各种不良情绪。因此,高职学生一定要调整自己的认知,用合理的认知来对人对事,高职学生可以从以下几个方面来调整自己的认知。

第一,调整对自己的不合理认知。
第二,调整对他人的不合理认知。
第三,调整对周围环境及事物的不合理认知。

二、加强性格锻炼

一般来说,性格特征倾向于外向的人,比较乐观、开朗,生活中遇到不顺心的事情时,一般能够想得通,易于在情绪上自我解脱;性格特征倾向于内向的人,在困难面前优柔寡断,在危险面前出现恐惧和畏缩,在受到挫折以后,常心神不安,不能迅速转向新的情绪。

三、善于克制和宣泄情绪

高职学生对不良情绪要加以克制,善于制怒和适当忍让、回避,以减低或避免激情爆发,宣泄的方式多种多样,如有的学生愤怒时往往暴跳如雷,声音近似怒吼,实际就是一种发泄。如果盛怒时找件体力活猛干一阵,或者作诗、作画、书法;在过度悲伤时,不妨大哭一场,因哭能释放能量,把眼泪排出体外,对身体有利,也可以调节机体平衡。需要注意的是,情绪的发泄不应毫无顾忌,而应以不影响他人的学习、休息和工作为原则。

四、提高挫折容忍力

(一)对挫折有充分的思想准备

对挫折有充分的思想准备,遇事考虑到可能遭到的挫折,有了思想准备,就能披荆斩棘不徘徊。

(二)加强意志力的培养

要树立积极的人生观和远大的目标,有意识地寻找一些有一定难度的事磨炼自己的意志,培养百折不挠、勇于探索的精神。

(三)健全心理防卫机制

防卫机制有积极与消极之分。

1. 积极的防卫机制

积极的防卫机制促使人产生奋发向上的力量,是战胜挫折的根本方法。它主要包括以下几方面(表6-1)。

第六章　高职学生的情绪问题研究

表 6-1　积极的防卫机制

积极的防卫机制	具体阐述
升华	指个体将因挫折产生的压力引向崇高的、对社会具有创造性和建设性作用的活动上去。如高职学生失恋后全身心投入学习活动中，即是一种升华
理智	指以积极的态度承认和正视挫折，分析其原因和总结经验，并以坚定的信念、顽强的意志和科学的方法战胜挫折。它是一个人心理成熟的重要标志
幽默	幽默也是一种积极的防卫机制。高职学生在遇到挫折时如果能够具有幽默感，那么消极情绪就会缓解很多
补偿	当某种动机受到挫折不能达到目标时，以另一种目标代替。例如，有的高职学生因有某种生理缺陷无法在运动场上胜过别人，因而在学习上加倍努力以取得好成绩来维护自尊

2. 消极的防卫机制

除了积极的防卫机制外，人们在遭受挫折后还会使用一些多少带有消极性的防卫机制来保护自己（表 6-2）。

表 6-2　消极的防卫机制

消极的防卫机制	具体阐述
投射	即认为他人具有与自己类似的动机、情感或欲望，以此为自己的行为辩护
文饰	即为自己的行为寻找社会可接受的理由以维护自尊，缓冲失败与挫折
自居	即把他人具有的，使自己感到羡慕的品质附加到自己身上，以使自己得到间接的荣耀，减低挫折感
反向	即行为向动机相反的方向进行，如虚张声势可能反映内心的惧怕
压抑	即设法使自己不注意那些引起焦虑的特定思想、愿望或记忆而减轻焦虑

上述消极的防卫机制使人否定或脱离现实，曲解引起焦虑的事件，因而能暂时将焦虑减少到最低限度，使内心获得平衡。但消极性的防卫机制只可作为缓解痛苦，避免精神崩溃的权宜之计，使用过多过久，则可能导致焦虑加重的恶性循环。高职学生应着重发展积极的防卫机制，提高战胜挫折的能力。

五、创造健康的社会心理氛围

健康的社会心理氛围是高职学生情绪健康的良好基础。某些不良的情绪刺激是社会生活环境导致的。另外,高职学生应积极营造良好的心理氛围,陶冶情操,训练情感,积极寻求宣泄情绪的社会途径。心理咨询是高职学生情绪调适的有力支持手段。

心理咨询服务有很多,包括帮助求助者宣泄、排解和疏导感情冲突,缓解其情绪压力,协助求助者改进认知结构,以新的正常经验代替旧的反常经验,树立对人、对己、对事的正确观点与态度;帮助求助者更好地适应社会,建立和谐的人际关系,提高学习和生活效率,挖掘自身潜能;帮助求助者排除心理障碍,促进自然恢复与成长。

20世纪80年代以来,除了一些大中城市精神病院和部分综合性医院开设了心理咨询门诊外,许多高等院校也建立了心理咨询机构,这对广大青年学生的身心健康和全面发展产生了积极影响。寻求心理咨询已成为当代高职学生排除心理障碍、预防和治疗心理疾病、保持心理健康的重要途径。

六、培养高级情感

情绪和情感都是人在活动中对客观事物所持态度的体验。但两者又是有区别的。情感不仅与个体需要相联系,更与社会需求密切相关。因此,培养健康情绪的一个关键环节是高级情感的培养。

(一)高职学生的高级情感及其特征

高级情感是指人的复杂社会情感,可分为理智感、道德感和美感三种。

1. 理智感

理智感是人在认识客观事物、探求真理的过程中,求知欲、兴趣和创造意识等需要是否获得满足时所产生的情感体验。理智感在智能活动中产生,所以,理智感实际就是人们追求真理的情感。理智感在人的智能活动中的作用是巨大的,它是高职学生重要的精神力量和必备的心理素质。凡涉及高职学生智力活动的场合,高职学生的理智感都有明显的表现,如对获得新知识、新思想时愉快、满意的情感体验等。高职学生理智感的状况与志趣的取向有密切联系。这主要表现为同一学生对不同学科的兴趣差异将影响理智感的状态。反过来讲,对学科缺乏兴趣,是影响高职学生理智感发展的重要原因。

2. 道德感

道德感是反映一定社会道德规范所形成的道德需要是否得到满足而产生的情感体验。这是在一定社会文化背景下,根据道德准则和规范来认识和评价他人和自己的言行所产生的主观体验。对高职学生来说,道德感主要包括:对祖国和民族的自豪感和尊严感;对敌人的仇恨感;对学习、劳动及社会活动的义务感、责任感,对事业的使命感等。经过十几年的校内外教育,绝大多数高职学生已初步形成了鲜明的、正确的和健康的道德感。具体表现在对祖国对人民的热爱,对歪风邪气的憎恶,强烈的集体荣誉感和责任感,表现出高职学生道德感逐渐成熟的一面。与高职学生其他心理发育一样,许多高职学生道德感也有不成熟的一面,如道德观念与道德行为不一致,出现一些违反道德准则和规范的行为,有些人甚至堕落犯罪。

3. 美感

美感是客观事物是否符合个人审美需要而产生的情感体验。美感的水平同文化修养、能力和个性特征密切相关,也与时代性、民族性有着不可分割的联系。按照审美对象来划分,美感可分为自然美感、社会美感、艺术美感和科学美感等。美感是从具体的形象得来的,因此具有形象直观性和可感性。如对自然事物的赞美;对社会生活的向往和对人与人之间和谐关系的称羡;对音乐、美术、舞蹈的欣赏;通过人类对大自然的意志力量和创造力量来体验科学美感等,无一不体现这种特性。由于美感包含内容的丰富性和复杂性,以及高职学生校园活动的特殊性,决定了高职学生的各类美感都有一定程度的发展。但是由于文化水平、能力和个性特征的差异性,又决定了比其他情感有更明显的差异性。

(二）培养高级情感的主要途径

培养高级情感的主要途径包括以下几方面（表 6-3）。

表 6-3　培养高级情感的主要途径

培养高级情感的主要途径	具体阐述
认识自己、认识社会	只有对自己有较全面而深刻的认识，才能发现自己需求什么，也只有认识社会，才能在个体需求和社会规范、社会需求中建立和谐的联系
丰富知识和经验	对客观事物所持的态度和体验往往是与个体对客观事物所知多少及已有的经验分不开的。积累大量的生活经验，是以丰富的生活内容为基础的。如果一个高职学生不乐于参加各种活动，整天过着宿舍、食堂、教室三点一线的单调日子，就会感到生活单调、无聊，甚至精神空虚，理智感、道德感、美感必然得不到良好的健康的发展
优化个性品质	在个性品质中，意志品质将对培养高级情感产生深刻的影响。因为意志薄弱者永远做自己不良情绪的俘虏，只有意志坚强的人，才能做自己情感的主人。从这个意义上讲，优化个性品质特别是意志品质是培养高级情感的重要途径

七、不断增强自信心

自信心是一个人对自己积极的感受。拥有自信对个体具有重要意义。概括来说，可以通过以下几方面来增强自信。

第一，明确知道自己的长处。

第二，要经常鼓励自己。

第三，要时刻看到自己的进步。

第四，对于自己出现的错误积极寻找原因，无论是什么原因，都不要厌恶自己，而是想办法积极处理。

八、保持和创造快乐情绪

人类不仅具有改变不良情绪的能力，更具备创造快乐情绪的能力。

以下几种方法可以帮助我们保持和创造快乐的情绪。

（一）知足常乐

知足常乐的秘诀在于把理想和需要定得切合实际,增加获得成功体验的机会。

（二）创造快乐

第一,善于用微笑迎接困难,从战胜困难的努力中寻找自己的乐趣。
第二,善于从身边平凡的琐事中发掘乐趣,积极参与生活,体验生活乐趣。

（三）多交朋友

朋友之间可以相互谈心,可以经常将自己的一些不良情绪倾诉给朋友听,这样做可以减轻自己的痛苦,增加快乐的情绪。

（四）多点宽容,少些责备

这里的宽容既包括对自己也包括对他人。对于成长关键时期的高职学生来说,对自己严格要求,为自己设立一定的目标并为之努力,是进取的表现。但当目标过高,对自己要求过严甚至苛刻时,就会给自己的身心带来不良影响。对他人也是如此。如果多点宽容、少些责备则有助于保持快乐情绪。

九、采用各种行之有效的方法

人在遇到挫折时,有时候难免会心情不好,有各种不良情绪反应,运用适当的方法,可以有效地改善情绪。

（一）转移注意法

在某种情绪影响自己或将要影响自己，而自己又难以进行控制时，对这种情绪不予理睬，并将自己的注意力转移到其他有益的方面去，这种情绪调节方法称之为"转移"。当我们注意某一事件时，这一事件对我们才会产生影响。当我们把注意力放在其他事情上时，原来的事件对我们影响就会降低或消失。这是一种利用环境的调节和活动的转移来排忧解难的心理疗法。比如，当余怒未消或忧愁未解时，可以听听音乐、看看喜剧、欣赏名画，或者外出逛逛街、赏赏景、散散心，也可以找知心朋友聊天，或与天真活泼的儿童玩。

（二）自我安慰法

自我安慰法是指当一个人遇到挫折或者不幸时，为了避免精神上的痛苦，可以找到一个自己可以接受的理由来说服自己不必陷入痛苦中。比如当高职学生在考试中没有获得优异成绩时，虽然难免会出现失望等情绪，但高职学生可以和自己说："没事，这次是因为我生病了没好好看书才造成成绩不好，下次我努力一下肯定会考出好成绩。"有效的自我安慰，可以使高职学生很快摆脱不良情绪的困扰。

（三）理智消解法

理智消解法应做到以下几方面。

第一，要承认不良情绪的存在，并主动认识自己的不良情绪。

第二，要弄清不良情绪产生的原因，弄清自己所气恼、忧愁、愤怒的事物是否真的可恼、可忧、可怒。若发现事出有因、情有可原，不良情绪也会得到消解。

第三，寻求适当的方法和途径来解决引起不良情绪的问题。只要解决了引起不良情绪的原因，不良情绪也就自然消解了。

第六章 高职学生的情绪问题研究

（四）压抑遗忘法

压抑是指对一些既无法升华,又不能转移的不良情绪,用意志的力量将它们排除出自己的记忆予以遗忘,来保持心理平衡。如由于误会遭到他人无端的猜疑、打骂或侮辱,既不能报复,又无法补偿;因为过错受到自己心仪爱慕的异性同学的耻笑,既不便解释,也无法转移。这些因人为因素造成的挫折会使人的情绪更加愤怒、沮丧。若老是郁积于心,挥之不去,这种情绪会不断蔓延,日益加重,在这种情况下,压抑遗忘就不失为一种缓解情绪的有效方法了。挫折被暂时遗忘,便暂时达到了心理平衡,挫折被永远遗忘,因这种挫折而产生的不愉快情绪体验便会消失。在发生重大挫折时,人们往往力图变换环境,离开或改变产生挫折的情景,有利于遗忘所受的挫折,或者随着时间的推移,所受挫折产生的情绪逐渐减弱甚至消失。不过,压抑不是消失,受挫后的痛苦体验只是在意识的管辖下暂时潜伏着,或者说,由意识的境界转入潜意识的境界,只是在意识之下,而不在意识之外,一时被重新意识,仍可能重新唤起力图遗忘的记忆。从心理健康的角度分析,压抑是必要的,一定的压抑可以免受各种挫折和痛苦,维持心理平衡。但压抑也有一个限度,压抑过久或过度,又会引起各种心理疾病。因此,对于无法压抑的情绪要以符合社会行为规范的适当方式宣泄出来,如无端受辱可以去法庭起诉,使犯罪者受法律的制裁等,以此来达到心理平衡。

（五）音乐催化法

音乐可以使人的精神得到慰藉和净化,帮助人从狭小的、喧闹的现实进入崇高广阔的精神境界。一个人因焦虑、忧郁、紧张而失眠,可以听听古典音乐或轻音乐,调整大脑神经系统,减轻某一部分的疲劳程度,从而达到心理平衡,缓解情绪。

（六）提高升华法

这是一种最为积极的情绪自我调节控制方法,是最有效的情绪宣泄方式。在现实生活中,一个犯有错误的同学用洗刷污点,勤奋学习的形式来创造美好的未来;一个学习、生活、恋爱上受过挫折的人,把痛苦转化为对事业的执着追求,因失误带来内疚,就用高尚行为来弥补;具有严重进攻性特征的人,将其精力转向热爱各种体育项目等,这些都是有意义的升华。

(七)幽默缓冲法

高尚的幽默是情绪的缓冲剂,当个体发现某种不和谐的或己不利的现象时,最好的办法是用谐谑的手法机智、巧妙地表达自己的情绪。这样做法能使紧张的精神放松,解放被压抑的情绪,避免刺激或干扰,摆脱难堪窘迫的场面,消除身心的某些痛苦,调节和保持身心健康。研究表明,幽默可以活跃气氛,减轻焦躁;可以使人心情开朗舒畅,充满信心。

(八)语言暗示法

语言是人的情绪体验与表现强有力的影响工具,通过语言(即使是不出声的内部语言)可以引起或抑制情绪反应。在情绪激动时,可以自己默诵或轻声警告"冷静些""不能发火""注意自己的身份和影响"等;陷入忧愁时,提醒自己"忧愁没用,于事无补";有较大的内心冲突和烦恼时,用"不要怕,不能急,安下心来"等言词给自己以安慰和鼓励;也可以针对自己的弱点预先写上"制怒""镇静"等条幅置于案头或挂在墙上。

(九)合理宣泄法

为了降低精神上的过度紧张,避免产生因心理因素而出现的疾病,很有必要将受到较大挫折后积压在心头的愤怒、悲伤等紧张情绪发泄出来。当然,这种发泄必须要有节制,我们称这种有节制的发泄为合理宣泄。高职学生可以通过以下几种方法来合理宣泄自己的情绪。

1. 痛哭

若遇到意外打击,产生较大的悲伤、愤怒、委屈时,也可以用痛哭的办法宣泄自己的情绪。生理学家经过化学测定发现：人因情绪冲动流出的眼泪，能把体内精神受到沉重压力而产生的有关化合物发散出来并排出体外。因此，人们在痛苦流泪之后总会感到舒适轻松一些。

2. 诉说

即将自己的情绪用恰当的语言坦率地表达出来，把闷在心里的苦恼倾诉出来，把所受到的委屈全摆出来，这样，当事人双方都能增进了解，减少矛盾和冲突。

3. 行动

在无对象诉说或不便于痛哭的情况下，也可以面对着沙包狠擂一通，或找个体力活猛干一阵；到空阔无人的旷野引吭高歌或聚声长啸，同样能借此释放聚集的能量，降低、缓解情绪，达到宣泄的目的。

第七章 高职学生的人格问题研究

人格是伴随着人的一生不断成长的心理品质,它凝聚着文化、社会、家庭、教育与先天遗传的个体风貌。人格素质是高职学生综合素质的重要组成部分,对提高高职学生的综合素质有着重要促进作用。因此,塑造健全的人格是高职学生心理健康教育的重要目标之一。

第一节 人格的内涵

一、人格的概念

随着西方古代语言学的发展,"人格"这一具体专指面具的词被加以扩展和引申,以至于渐渐演变成一个抽象而又多义的名词,其使用范围非常广泛。即使在心理学中,"人格"也是一个很复杂的概念。人格心理学家有多少种理论就可能有多少种定义。美国人格心理学家奥尔波特综述前人关于人格的研究成果时列出了50个定义。综合学者们的观点,我们认为,人格是指一个人在社会化过程中形成和发展的思想、情感及行为的特有模式,这个模式包括了个体独具的、有别于他人的、稳定而统一的各种心理品质的总体。一般认为,人格包括人格倾向性和人格心理特征。

二、人格的类型

(一)体液论的四种人格类型

古希腊医生希波克拉底(Hippocrates)认为,人的气质是由人体体液的不同分配比例决定的。他设想人体内有血液、黏液、黄胆汁和黑胆汁四种基本体液,而个体的人格特征取决于这四种体液混合的比例。后人继承并发展了这一学说,把气质分为多血质、黏液质、胆汁质和抑郁质四种类型(表7-1)。

表7-1 气质的类型

气质的类型	具体阐述
多血质	多血质类型属于敏捷而好动类型,具有以下特点:感受性低;神经过程强而平衡;耐受性高;反应快而灵活;行为可塑性大;外倾性明显;情绪兴奋性高,外部表露明显;行为特征表现为活泼好动,敏感,反应迅速,喜欢与人交往,注意力容易转移,兴趣容易变换,情绪易表现和变换,对行为的改造比较容易等。属于这种气质类型的人在工作和学习上肯动脑筋,办事效率高;对外界事物有广泛的兴趣。但是他们往往不安于现状,缺乏耐心和持久性
黏液质	这种类型属于沉默而安静的类型,具有以下特点:神经过程强而平衡且灵活性低;感受性低;耐受性高;反应速度缓慢,具有稳定性;情绪兴奋性低;内倾性明显;行为有一定可塑性;行为特征表现为安静,反应缓慢,沉默寡言,情绪不易外露,对兴奋性行为的改造容易等。这种气质类型的人无论环境如何变化,总能基本保持心理平衡,凡事力求稳妥、深思熟虑。但是他们往往过于拘谨,不善于随机应变,常常沉稳有余,灵活性不足
胆汁质	这种类型属于兴奋而热烈的类型,具有以下特点:神经过程强而不平衡;感受性低;有一定耐受性;反应快而灵活;情绪兴奋性高;抑制能力差;外倾性明显;行为有一定的可塑性;行为特征表现为直率热情,精力旺盛,情绪易于冲动,心境变换剧烈,脾气急躁,对兴奋性行为的改造较不容易等。这种气质类型的人一般表现为有理想抱负,有独立见解。但是,他们往往比较粗心,缺乏自制力,容易感情用事,刚愎自用
抑郁质	这种类型属于呆板而羞涩的类型,具有以下特点:神经过程呈弱型;感受性高;耐受性低;反应速度慢,刻板而不灵活;情绪兴奋性高而体验深;内倾性特别明显;行为可塑性小;行为特征表现是孤僻胆小,行动迟缓,不易动情,体验深刻细心,感受性很强,敏感多疑,缺乏果断和自信,精力较不足,忍耐力较差,对行为的改造较难等。这种气质类型的人喜欢独处,交往拘束,极少对外表露自己的情感,但内心体验却相当深刻;他们遇事三思而后行,求稳不求快,因而显得迟缓刻板;性情怯懦自卑,优柔寡断

（二）荣格的八种人格类型

瑞士心理学家荣格认为，人有内向型和外向型两种基本的态度类型。现实生活中极端内向或极端外向的人极少，绝大多数人处于内向与外向之间。荣格还提出感觉、思维、情感、直觉四种心理机能。其中，思维和情感都是理性的，需要判断，感觉和直觉都是感性的，需要体验。荣格将两种态度类型和四种心理机能进一步组合，划分出以下八种不同的人格类型（表7-2）。

表7-2　荣格的八种人格类型

荣格的八种人格类型	具体阐述
思维内向型	这种类型的人喜欢抽象思维，对事物的内在规律和原理感兴趣，常根据自己的主观认识来分析事物，确定行动的目标
感觉内向型	这种类型的人比较看重事物的效果，不太看重事物的本身，对客观事物有深刻的主观感受，生活中某种颜色或某件小事都会引起他们快乐或悲哀的情感体验
情感内向型	这种类型的人沉默寡言，不容易使人接近，常给人以冷漠的印象，但其内心情感体验丰富，富有同情心
直觉内向型	这种类型的人经常关注主观体验的潜在背景，内心想象十分丰富，并在他的心理活动中占有重要地位。他经常产生各种离奇的幻觉、想象，甚至具有超感能力，可以对事物产生某种奇异的体验
思维外向型	这种类型的人喜欢对外部世界进行有条理的分析，常对行为的结果感兴趣，而对潜在的观念和原理不感兴趣，他的思维活动常以客观事实为依据
直觉外向型	这种类型的人常对不确定的事物有敏锐的察觉能力，对外部环境中任何新奇的事物都抱有极大的兴趣，但注意力容易转移，难以坚持执行计划
情感外向型	这种类型的人特别喜欢和睦的人际关系，为人热情，乐于助人，主动而又富有想象力，但经常不遵循传统的价值观
感觉外向型	这种类型的人对客观事物非常敏感，判断事物的感觉比较灵敏，经常能记住事物的外部特征，对事物外在的美妙和有序赞叹不已

三、人格的特征

概括来说,人格的特征主要包括以下几方面(图7-1)。

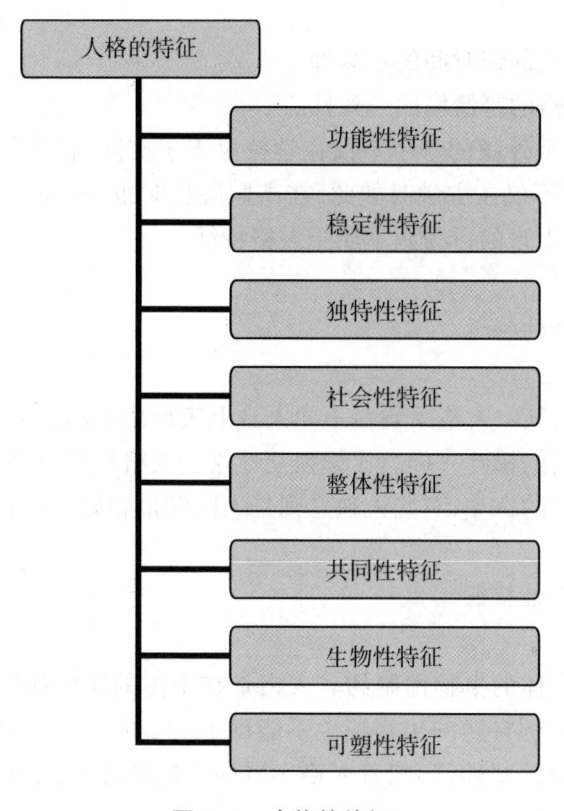

```
人格的特征
├── 功能性特征
├── 稳定性特征
├── 独特性特征
├── 社会性特征
├── 整体性特征
├── 共同性特征
├── 生物性特征
└── 可塑性特征
```

图7-1 人格的特征

(一)功能性特征

人格的功能性是指人格在一定程度上会对一个人产生一定影响,如影响一个人的生活方式,甚至决定一个人的命运。在现实中面对困难或者挫折时,不同的人会有不同的应对方式,坚强者能发奋图强,而懦弱者可能会出现一蹶不振,失去斗志。

（二）稳定性特征

人格的稳定性是指较为持久的一再出现的定型的东西，主要表现为两个方面。

第一，人格的跨时间的持续性。

第二，人格的跨情境的一致性。

例如，一个外倾的学生不仅在学校里善于交际，在校外活动中也喜欢交际，而且不仅在中学时如此，在高职院校时也是如此。而那些暂时的、偶尔表现出来的行为则不属于人格特征。

（三）独特性特征

环境会使某一人格品质在不同人身上表现出不同含义，正如世界上没有两片相同的树叶一样。比如独立性这个人格特质，有些人独立是表现出个人努力的奋斗，有些人独立则是人际和谐相处中的自主。

（四）社会性特征

人格受个体的生物性制约。人格是在个体的遗传和生物性的基础上形成的。人的自然的生物特性不能预定人格的发展方向，然而，它却构成人格形成的基础，影响着人格发展的方向和方式，影响着某些人格特征形成的难易。

（五）整体性特征

人格不是一种成分，而是由多种成分构成的有机整体。当一个人个人结构中的各方面都彼此和谐一致，说明他的人格就是健康的；反之，就会出现一些心理问题，严重者甚至可能出现人格问题。比如一个性格内向的人本不善言语，因环境需要，可能会成为一个能言善辩之人，而这种需要一旦消失，又会回到其沉默少言的状态。

第七章　高职学生的人格问题研究

（六）共同性特征

人格作为一个人的整体特质,既包括每个人与其他人不同的心理特点,也包括人与人之间在心理上相同的方面,如每个民族、阶级和集团的人都有其共同心理特点。人格是共同性与独特性的统一。例如,勤劳勇敢是中华民族共同的传统美德。长期从事某种职业,由于职业的影响,也会形成某种相似特点。例如,军人严格自律、护士体贴入微、医生细致耐心、会计细致谨慎等。

（七）生物性特征

人格的发展有其生物学基础,生物因素为人格的发展提供了物质前提,构成了人格形成的基础,影响着人格发展的方向和方式,影响着某些人格特征形成的难易。例如,由于遗传的特点,父母与子女之间在气质方面有相似之处,为能力、性格特点的形成与发展奠定了基础。

（八）可塑性特征

虽然人格具有稳定性,但是这种稳定性是相对的,一个人的人格也会随着生活环境、文化背景甚至身体条件的变化而发生变化。生活中重大事件,如丧失配偶、迁居异地等,往往会使一个人的人格发生突变。意志坚强的人通过自我教育,也可能改变自己的人格。例如,长期移民在外的人的信仰、价值观会发生变化;一场大病也可使一个人的人格大变,本来活泼开朗,病后却变得沉默寡言了。正因为人格具有可塑性,我们才能培养和发展个体的人格。

四、人格的结构

人格结构系统包括认知、动机、性格、气质、自我调控等成分。其中,性格和气质是人格的重要方面,下面就对这两方面进行简要介绍。

（一）性格

性格是个体对现实的稳定态度和与之相应的习惯性行为方式的心理特征，是与社会联系最密切的人格特征。人的性格并非天赋，主要是后天环境与教育的结果。心理学家发现，人的一生，性格的发展主要表现有四个阶段（表7-3）。

表7-3　性格发展的阶段

阶段	描述
性格的形成期 （出生到11岁左右）	个体3岁前，属于性格的萌芽期，自我意识和道德判断初步产生。5岁是教育的第一个完成期，形成儿童性格雏形。6~11岁，性格初步形成
性格的定型期 （12~17岁左右）	在这一阶段，个体的世界观初步形成，也是性格形成的一个关键年龄阶段
性格的成熟期 （18~30岁左右）	性格是一个人世界观的直接反映，因此，性格发展中人的主观能动作用的发挥，对性格成熟起着重要作用
性格的更年期	伴随生理更年期，个体也会体现性格上的一些变化

性格是复杂的统一体，有着多个侧面，包含多种多样的性格特征，各种特征相互依存、相互联系、相互制约，构成一个完整的组织系统。这些特征主要有以下四个组成部分（表7-4）。

表7-4　性格的特征

性格的特征	具体阐述
理智特征	性格的理智特征主要表现在个体认知、认识过程中的差异，如主动记忆或被动记忆、主动观察或被动观察等
态度特征	性格的态度特征主要表现在处理各种社会关系上的性格特征，如同情或冷漠、正直或虚伪等
意志特征	性格的意志特征主要表现在目的及实现过程中的特征，是性格的主要构成成分，如果断或犹豫、坚韧或软弱等
情绪特征	性格的情绪特征主要表现有强度、稳定性、持久性和主导心境等特征，如热情或低沉、乐观或悲观等

个体的性格特征是有机的结合，它们相互联系又相互制约，表现为一个完整的整体。正是因为性格的整体性，我们常常通过一个人的某个性格特点来推测其他性格特点。当然，性格也有多种侧面，在不同场合

人们会表现出性格的不同侧面。只有从多角度考察个体的性格,才能对个体做出全面而准确的评价。

良好性格的特征如表7-5所示。

表7-5 良好性格的特征

良好性格的特征	具体阐述
良好的态度	良好的态度表现为热爱祖国,关心集体,热爱生活,自强不息,开拓进取,执着追求,勤俭节约,正直朴实,谦虚谨慎,"四有"新人
坚强的意志	做事果断,遇到困难坚持奋进,不屈不挠。对自己的行为有明确的目标,有自觉控制自己行为的自制力和纪律性,做事情有恒心,有毅力,能坚持不懈地把事情做好
健全的理智	有强烈的求知欲,学习的主动性强,不怕艰苦,有取得成功的自信心和坚持力,有克服自卑的能力
积极的情绪	情绪活动比较适度,能够经常保持愉快、乐观的心境,精神饱满,朝气蓬勃地对待生活。能比较好地控制自己的情绪波动,比较好地处理突发事件等

(二)气质

气质是不以人的活动目的和内容为转移的心理活动的典型稳定的动力特征。心理活动的动力特征主要表现为心理活动发生的强度、速度、稳定性、灵活性和指向性(如外向性与内向性)。现实中,有人遇事冷静,不动声色;有人性情暴躁,容易冲动;有人活泼好动,能说会道;有人则多愁善感,胆小怕事,这些都是气质特征的表现。

气质类型是指表现为心理活动的动力特征的神经系统基本特性的典型结合。不同神经系统的基本特性构成了不同的气质特点。气质特点在个体身上的不同组合,就构成了不同的气质类型。在心理学中,大部分心理学家对气质类型都沿用了古老的"四分法",即胆汁质、多血质、黏液质和抑郁质。在人格类型中对气质的类型进行了阐述,这里不再赘述。

人格是一个丰富而复杂的心理成分,是伴随人的一生不断成长的心理品质。人格是在遗传基础上和社会实践中得以形成的,主要表现在人际关系上。一般认为,对社会生活适应良好的被视为正常人格,而适应不良的被视为不良人格。

五、高职学生的人格特征

高职阶段是高职学生人格不断发展的重要时期。概括来说,高职学生的人格特征主要包括以下几方面(图7-2)。

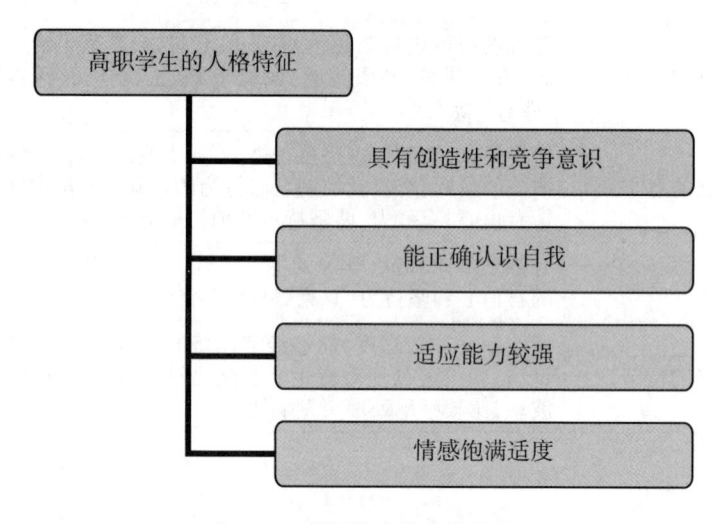

```
高职学生的人格特征
├── 具有创造性和竞争意识
├── 能正确认识自我
├── 适应能力较强
└── 情感饱满适度
```

图7-2　高职学生的人格特征

(一)具有创造性和竞争意识

有事业心和进取心,有责任意识,具有竞争意识,具有开放性的思想观念,包容不保守,喜欢创造、勇于创新、甘冒风险、独立性强、富有幽默感。

(二)能正确认识自我

第一,能认可自己,基本上能接受一切属于自己的东西,努力形成对自己积极的看法。

第二,能够客观评价自己,对自己的优势与缺点比较了解,能够理解现实自我与理想自我之间的差别。

第三,有明确的奋斗目标和愿望,能够为之付诸实践。

（三）适应能力较强

对外部世界有着浓厚兴趣，人际交往方式与范围扩大，有广泛的活动范围和兴趣爱好，积极参与多种形式的社会实践，接受不同的价值观念与信念差别，能够具体问题具体分析。

（四）情感饱满适度

高职学生乐于表现自我，能够用适当的方法宣泄不良情绪；但也有部分高职学生在情感表达中过分强调主观愿望和内心体验，缺少理性思考，表现为情绪化。

拥有健康的人格，不仅是个人发展的需要，也是时代发展的要求。人格一旦形成就具有相对稳定性，人们在学习、工作和生活中，总是自觉或不自觉地受其影响和制约。因此，了解人格的基本概念与人格发展的影响因素，对培养高职学生健全人格具有积极意义。

第二节　高职学生常见的人格障碍

一、人格障碍的概念

人格障碍，也称"病态人格"，是指在人格发展过程中存在内在的不协调性，在无认知障碍或智力障碍的情况下出现的情绪、动机和行为活动的异常。一个人如果具有人格障碍，就不能与周围环境保持协调一致，并会经常与他人发生冲突，丧失工作的责任心和义务感。有的人甚至会超越社会伦理与道德，做出危害他人和社会的行为。[1]

---

[1] 张海婷.高职大学生心理健康教育[M].北京：北京理工大学出版社，2020.

二、人格障碍的特点

人格障碍患者在社会上往往被人称为"怪人""神经病"等，既给本人工作、学习、生活带来不便，又影响了社会及家庭。严格地说，医学界至今尚未认定它是一种病，而认定是一种畸形人格。其一般特征包括以下几个方面（图7-3）。

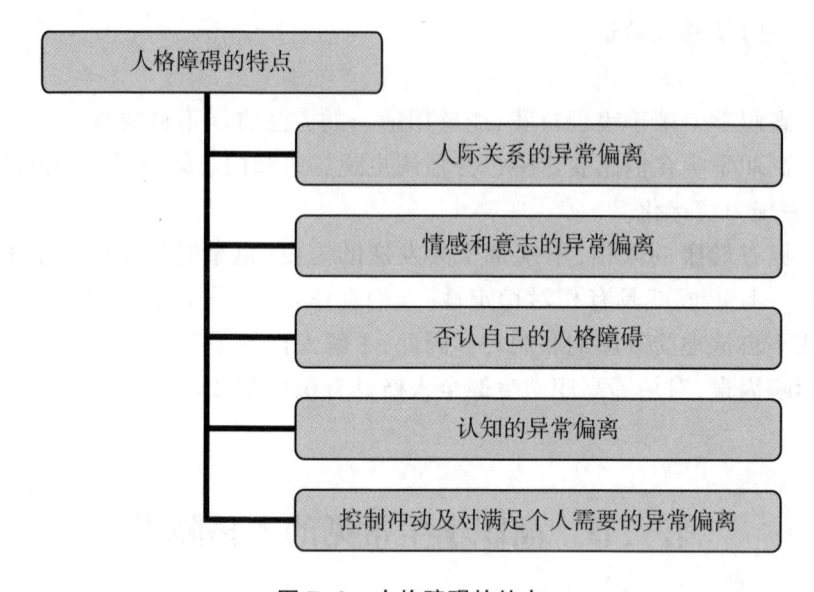

```
人格障碍的特点
├── 人际关系的异常偏离
├── 情感和意志的异常偏离
├── 否认自己的人格障碍
├── 认知的异常偏离
└── 控制冲动及对满足个人需要的异常偏离
```

图7-3　人格障碍的特点

（一）人际关系的异常偏离

人格障碍患者心理紊乱，情绪不稳，自制力差，易冲动，难以与人相处，人际关系紧张，常做出不符合社会规范的事情。

（二）情感和意志的异常偏离

人格障碍患者一般来说意识是清醒的，认识能力也保持完整。这种人是在没有意识到障碍，智力活动无明显缺损的情况下，出现行为活动和情感等方面的明显障碍。例如，他们极端猜疑和固执，他们走到哪儿就把自己的猜疑、仇视和偏见带到哪儿，即使环境发生了变化，他们的观点仍不改变。这种人中的大多数都有求医的要求,希望治好自己的"病"。

(三)否认自己的人格障碍

人格障碍患者的行为常常伤害或扰乱别人,别人指出或揭露他们的怪癖和不良行为时,他们不以为然,并不感到自己有病痛或心情不安,否认自己有疾病。

(四)认知的异常偏离

人格障碍患者把自己遇到的困难归咎于命运或别人的错误,没有自知之明,看不到自己的缺点,他们经常把社会或外界的一切看作是荒谬的,不应该如此的,且不能从生活经验中吸取教训,难以适应单位和社会环境。

(五)控制冲动及对满足个人需要的异常偏离

人格障碍患者认为自己对别人没有责任,如对不道德行为没有罪恶感,伤害别人后没有内疚和后悔感,并为自己的行为开脱责任,归咎为命运的捉弄或他人的过错,把自己的利益放在首位,作出自以为是的辩护,从而使自己摆脱尴尬处境或自己假想中的两难处境,而不管别人的心情和状况。

三、高职学生人格障碍形成的原因

高职学生人格障碍形成的原因比较复杂,概括来说主要包括以下几方面。

(一)生物学因素

高职学生人格障碍患者虽然没有发现在神经系统上的解剖、生理性病变,但肯定与神经系统的先天素质不健全有关。如果高职学生在幼儿期营养不良,如缺乏蛋白质、脂类与维生素的营养供应,会引起大脑的不正常反应,可能引发智力和适应性行为的非正常发育与情绪的不稳定性。在预产期与婴儿期受到轻度脑损伤,如产伤、窒息、头部外伤、传染病和病毒感染,那么少年期就会开始表现出注意力分散、多动、冲动等人格障碍特征。心理学家里肯和哈尔曾经针对人格障碍患者缺乏焦虑和内疚的情况进行了研究,结果表明:人格障碍患者的皮肤电反应活动程度比非人格障碍患者低,这证实人格障碍患者倾向于缺乏焦虑。因此,人格障碍患者不能从经验中吸取教训。

(二)不良社会环境影响

不良社会环境对异常人格形成具有重要影响。社会动荡不安、黑社会、不良同伴的教唆,不良风气、不合理现象、拜金主义等都会影响高职学生的道德价值观,使他们产生对抗、压抑、自暴自弃等不良心理而发展至人格障碍。

(三)心理发育的影响

高职学生如果在幼儿时期的心理发展过程中受到精神创伤,如母爱或父爱被剥夺、被遗弃或受继父母的歧视、父母等亲人过分溺爱等,其人格的发育会受到重大影响。这种影响是形成人格障碍的主要因素。

总之,高职学生的人格障碍是基于某种不健全的先天素质或后天不良的社会环境,以及家庭环境因素的影响而形成的,这几种情况兼有之而不只是单方面因素的影响。

四、高职学生中常出现的人格障碍

(一)冲动型人格障碍

冲动型人格障碍又称"爆发型人格障碍",这种人经常变换职业、酗酒。冲动型人格障碍的主要特点如下。

第一,不能在行动之前事先计划,行为不可预测。
第二,不能维持任何没有及时奖励的行为。

第三,易与他人发生冲突和争吵,特别是在行为受阻或被批评时。

第四,有反复无常的心境,行为爆发时不可遏止,不考虑后果。

第五,对事物往往做出爆发型的反应,稍不如意就火冒三丈,易于爆发愤怒或与此相反的激情。

对于冲动型人格障碍的人,可以在冷静的时候好好反省自己的冲动性行为,训练自己在每次做出冲动行为前先做几次深呼吸,养成三思而后行的习惯。

(二)偏执型人格障碍

偏执型人格的人对批评特别敏感,对他人的侮辱和伤害耿耿于怀。概括来说,具有偏执型人格障碍的人具有以下特点。

第一,嫉妒心强,对别人获得成就或荣誉感到紧张不安。

第二,心胸狭隘,行动固执刻板,常常毫无根据地怀疑他人。

第三,自尊心极强,总认为自己是正确的,从而过高地估计自己的能力,无端夸大自己的重要性,而习惯将失败归咎于他人。

第四,常过多过高地要求别人,却从不相信别人的动机和意愿。

第五,情感冷漠、孤僻独处,不能与家人、朋友和同事建立亲密的关系。

第六,好争辩,无幽默感,情感和行为反应固执死板,因而很难用说理或事实来改变想法。

第七,不能正确、客观地分析形势,不相信与自己想法不符的客观证据。

(三)癔症型人格障碍

癔症型人格障碍又称"表演型人格障碍",常以过分的感情用事或夸张的言行吸引他人的注意。癔症型人格障碍的主要特点如下。

第一,感情用事,情感体验肤浅,按自己的好恶去判断事物的好坏。

第二,高度的自我中心,爱表现自己,行为夸大,富有表演色彩。

第三,高度的暗示性,容易受外界事物的影响。

第四,爱幻想,不切合实际,夸大其词,令人难以核实或相信。

（四）依赖型人格障碍

依赖型人格障碍以过分依赖为特征，缺乏独立性，感到自己无助、无能和缺乏精力，生怕被人抛弃。依赖型人格障碍的主要特点如下。

第一，对亲人与归属有过分的渴求，缺乏自信，在没有他人的建议和保证时，对自己的日常生活或其他事物不能做决定。

第二，具有无助感，常常依赖别人为自己选择或做决定。

第三，没有独立性，过度容忍，为讨好别人甘愿做自己不愿意做的事情。

第四，独处时常常会有不适和无助感，总是逃避孤独。

第五，如果没有亲密的人会感到很无助甚至崩溃。

（五）退缩型人格障碍

退缩型人格障碍是以全面社交抑制、能力不足感、对负面评价极其敏感为特征的一类人格障碍，其具有以下几方面特点。

第一，一般具有害羞、胆小、退缩、自卑等心理特点。

第二，他们对社交感觉不适，害怕人际交往中负面的评价，容易因批评或不同意见而受到伤害，因此总是尽量回避重大的社交或职业活动。

第三，常因担心遭到拒绝而不愿与他人交往，除非确保会被友善地接纳。

第四，除了亲人，他们没有其他的知心朋友。

第五，在日常生活中，他们常表现得安分守己，按部就班，不敢应对挑战，不愿跨越常规解决问题；遇到非常规的事情时，总爱夸大其潜在的困难和危险，因此经常错过解决问题的最佳时机。

（六）回避型人格障碍

回避型人格障碍的人疏远他人，甚至自我疏远，对自己持旁观态度。他们总是与他人保持感情距离，有意或无意地不以任何方式在感情上与他人发生关联。这种人格障碍的特征包括以下几个方面。

第一,持续和泛化的紧张与忧虑。
第二,除非肯定受人欢迎,否则不肯与他人打交道。
第三,相信自己在社交上笨拙,没有吸引力或不如别人。
第四,出于维护躯体安全感的需要,在生活风格上有许多限制。
第五,在社交场合总过分担心会被别人指责或拒绝。

（七）表演型人格障碍

表演型人格障碍又称"戏剧化型人格障碍",指过分戏剧化的自我表现以及寻求别人注意的人格障碍。其具有以下几方面的特点。

第一,经常渴望表扬和同情。
第二,表情夸张像演戏一样,以吸引注意力。
第三,暗示性高,很容易受他人的影响。
第四,情感易变,常把自己的感受和情感加以夸张。
第五,自我中心,强求别人符合他的需要和意志,依赖性大,常需别人的保护与支持。
第六,非常重视自己的吸引力,有时甚至不适当地表现自己。
第七,具有浓厚和强烈的情绪反应和装腔作势的行为特点。
第八,说话夸大其词,掺杂幻想情节,希望自己总是被注意的中心,而且常做一些不适宜的事情去争取成为被注意的中心。

（八）强迫型人格障碍

强迫型人格障碍也称为"固执型人格障碍",是一种以要求严格和完美为主要特点的人格障碍。概括来说,具有强迫型人格障碍的人具有以下特点。

第一,过分追求完美以致无法完成任务。
第二,注重细节,却忽视关键环节或要点。
第三,情感表达拘束,不易放开。
第四,过分墨守成规,缺乏随机应变的能力。
第五,缺乏幽默感和灵活性,缺乏创意,拘谨吝啬。
第六,将自己的意志强加于别人,强令别人按照自己的意愿或特殊要求行事。

第七，做事优柔寡断，总是借故拖延或回避。

第八，自制力和自我约束力过强，常有不安全感和不完善感。

第九，过分注意自己的行为是否正确、举止是否恰当，因此言行十分拘谨和小心翼翼。

第十，思维僵化，缺乏随机应变的能力，常常顾虑小事而忽略大事。

第十一，他们对伦理道德、价值观等问题表现得过于诚实，毫无弹性，遇事优柔寡断，难以作出决定。

第十二，在现实生活中，这种人一般无明显的金钱欲望却过度地献身于工作，并因此而放弃休闲的生活和与他人的友谊。

（九）反社会型人格障碍

反社会型人格障碍又称"悖德型人格障碍"，指个体行为与整个社会规范相背离而令人注目。具有反社会型人格障碍的人具有以下特点。

第一，对他人的感受漠不关心，缺乏同情心。

第二，从无内疚感，不能从经验中吸取教训，一犯再犯而不知悔改。

第三，忽视社会道德规范、行为准则和义务，对自己的行为不负责任。

第四，不能与他人维持长久的关系，容易责备他人，或为自己的粗暴行为狡辩。

第五，认知功能完好，但行为往往不经深思熟虑。

（十）自恋型人格障碍

自恋型人格障碍是一种常被误解的复杂人格障碍，其具有以下几方面的特点。

第一，过分关注自我，喜欢以自我为中心，常幻想自己很了不起，有过人的才学或外貌。

第二，对别人的评价很敏感，尤其不能接受他人的批评和建议。

第三，非常专注于充满成功、权力和成就的幻想，注重争取权力，期待得到特殊待遇，享受特权。

第四，在与他人交往时，他们缺乏同情心，嫉妒心强，不能体谅和理解他人的感受。

(十一)分裂型人格障碍

具有分裂型人格障碍的人一般不喜欢社交,不关心别人对他们的评价,缺乏关系亲密的朋友。这种人格障碍的特征有以下几种。
第一,过分沉溺于幻想和内省中。
第二,几乎总是偏爱单独行动。
第三,几乎没有可体验到的愉快活动。
第四,明显地无视公认的社会常规和习俗。
第五,对赞扬或批评都无动于衷。
第六,情绪冷漠,表现出隔膜或平淡的感情。
第七,对与他人发生亲密接触毫无兴趣。

第三节 高职学生健全人格的形成

一、健全人格的基本特征

(一)正确的自我意识和社会意识

能努力做到正确看待自我,认识自我;不自高自大,也不妄自菲薄;从实际出发,确立自我价值,认识和理解个人与社会的统一;人不可能脱离集体,个人也只有在集体和社会的大熔炉中,才能真正实现自我。

(二)相对和谐的人际氛围

良好的人际氛围是一个人健全人格的基本特征之一,它有利于个体在与他人交往中传递信息,不断调整行为,更新观念和态度。人格健全者的心胸往往比较开阔,善解人意,尊重自己也尊重别人,在人际交往中具有吸引力。

（三）人格整体协调与和谐

高职学生应真正领悟"品学兼优"的内涵,塑造健康和谐的整体人格,这也是高职学生解决"如何做人""做什么样的人"的根本问题。

在社会改革时期,面对现代文化和传统文化的冲突,高职学生要注意调整自己的主体价值,注意自身的文化修养、高尚审美意识的培养。那些将调侃和庸俗视为美,热衷于厕所文化、熄灯文化、课桌文化等毛病与高等学府学子的形象极不相配。

（四）知行合一

健康、优良的人格只有在实践中才能得以体现,也只有在实践中才能获得更好发展。健康的人格不是只停留于口头上,而是要付诸行动之中,杜绝"拖拉"和克服"懒散"等不良人格也只有在实践中才能得以实现。

二、培养高职学生健全人格的意义

（一）时代的要求

21世纪以来,社会迅速发展,现代化带来了社会的发展和人们的幸福,也带来了负荷和危机,它在增进人们健康的同时,也制造了有害身心的因素。现代化改变了人际交往的方式,修改了人际关系的准则,它一方面使天涯如咫尺,另一方面又使咫尺如天涯,面对四通八达的交通网,耸入云霄的摩天大楼,到处可见的电气化、自动化设备,人们会不时涌起孤独、渺小、无力、自卑、冷漠、茫然无助的感觉。这些都容易使人陷入焦虑、不安、压抑、苦恼中,从而产生了各种心理问题。因此,只有培养健康的人格,才能使高职学生从根本上保持健康的心态。

（二）高职学生自我发展的需要

社会的进步、经济的发展和科技的创新与他们的高素质和健康的人格塑造是分不开的。现在人们越来越多地认识到,影响一个人成才与成功的因素除了智力因素外,更重要的是非智力因素,而人格因素是非智力因素的重要组成部分。现在的高职学生都是将来的建设者。在就业市场上,拥有健全人格的毕业生就业机会就多,事业成功的机会也相对较多。因此,培养健康的人格,具有完美、独立的人格是高职学生自我发展的需要。

(三)学校教育改革发展的需要

现代的学校教育注重学生能力和个性,特别是创造性的培养,提出了创新学习的概念,这与健全人格的培养是一致的。但是有不少学生虽然没有智力缺陷,却在情感和行为方面存在着明显障碍,过于冷漠甚至冷酷,或极不稳定、变化无常,或自制力差,容易受偶然动机、本能欲望的支配。可见,没有积极、健康的人格作支持,教育改革是难以成功的。

三、塑造高职学生健全人格的方法

(一)培养良好的习惯

要培养健全的人格,就要培养良好的习惯。一个人的果敢坚毅、勤劳勇敢、细致周密等都是长期慢慢形成的良好品格。例如,一个人把东西经常摆放得整整齐齐,房间打扫得干干净净,衣服穿得整洁,鞋子擦得光亮,这些日常小事"聚沙成塔",最终形成优良的人格。

(二)培养良好的思维品质

实践证明,不良的思维容易导致不正确的认识,出现不良行为,久而久之易形成不良的人格。因此,高职学生要有意识地培养良好的思维品质,必然有助于促进自己的良好人格形成。

(三)完善自我意志

意志品质是构成个体人格的稳定因素,良好的意志品质会使个体成为一个意志坚定的人。要培养一个人的坚定意志,要做到以下几方面。

第一,树立正确而高尚的行动目标。有了理想的人才能克服行动中的重重困难,不屈不挠。

第二,要在实践活动中取得锻炼意志品质的直接经验。

任何成功的路都不是一帆风顺的,人在做决定、完成理想的过程中,总会遇到来自内部和外部的阻挠,这正好可以对意志品质进行磨炼和检验。如果能正确树立合理目标,将远期目标与近期目标有机结合,通过顽强努力达成预定目标,个体的意志品质就能在实现目标的过程中得到极大锻炼。

第三,要注意加强意志的自我锻炼。既可以通过分析自己意志品质在实践中的表现,来获得成就感的体验,增强自我锻炼的决心;又可以通过名人名言、榜样人物、道德纪律的要求来激励自己。

(四)形成积极认知

认识自我、悦纳自我、延伸自我和创造自我,是健康人格的四步曲。自我调控具有创造的功能,它可以变革自我、塑造自我,不断完善自我,将自我价值扩展到社会中去,在对社会的贡献中体现自我的价值,把实现自我的个人价值变为实现自我的社会价值。具有自知的人能够客观地分析自我,会有效地利用个人资源,发挥个人长处,努力改善自我和完善自我。人的自我塑造伴随人的一生,需要不懈为之努力。

(五)培养良好心态

心态是指人的心理状态,它包括积极心态和消极心态两种。积极的心态有助于人们发挥潜能、积聚力量、克服困难、获得成功、拥有健康和快乐。人生的好坏取决于心态。高职学生应该对身边的人或者事怀着一颗感恩的心,要感谢生活赐予我们的美好,学会珍惜所能拥有的一切。相信他人的真诚和关爱,懂得奉献和回报,这样才能感受到身边的幸福;要心存感激,产生对生活和一切美好事物的信念和向往,保持积极乐观的心态,才会获得力量。

第七章　高职学生的人格问题研究

(六)营造良好的环境氛围

人格的培养与形成受社会各方面潜移默化的影响,是个人与他人、家庭、学校、社会相互作用的过程。现在,有些家长只重视孩子智力的开发而忽视了其他方面,或家长本人的人格有缺陷,对孩子就会产生消极的影响。通过人际交往,人们可以他人为镜,从与别人的比较中认识自己人格上的优缺点;通过交往也可以了解自己的哪些方面受到赞扬、鼓励或受到指责、批判,从而有针对性地调整自己。

(七)确定积极可行的生活目标

第一,生活态度乐观自信,对前途充满希望,对未来充满信心,在实现目标的过程中,体验到胜利的喜悦,享受到生活的乐趣。

第二,要培养健全的人格,高职学生要积极进取,有自己奋斗的目标并努力实现,追求自我价值的实现。

第三,选择某些健康的人格品质作为努力的方向,如勇敢、热情、勤奋、刚毅、正直、善良、自信、开朗等,针对自己人格上的弱点予以纠正,如自卑、胆小、懒散、任性、粗心、急躁等。

(八)学会在智能结构上优化组合

学习文化、增长智慧的过程也是人格优化的过程。事实上,无知使人自卑、粗鲁,丰富的知识使人自信、坚强等,知识之间相互联系又相互促进。反之,兴趣单一、才智片面发展的人,虽然也有可能成才,但不少是非痴即怪。对于高职学生来说,只有处理好人格全面发展与专业成才的平衡关系,纠正其人格缺陷,才能更好地适应社会。

(九)加强人际交往

发展良好的人际关系对高职学生塑造健全人格是至关重要的。

第一,在与人交往互动的过程中,可以更好地以他人的人格特征或信息反馈为参照,全面客观地认识自身人格的优劣。

第二,可以从多角度、多方面审视自己,适时地对自己做出有针对性的调整,使自己的品质更加完善。

第三,可以将那些具有优良人格品质的对象作为自我完善和提升的榜样。

第四,可以培养自己宽容、博爱的心态,学会以感恩的心去对待一切事物,使自己的人格得到升华。

(十) 积极参加社会实践活动

高职学生应该积极参加社会实践,学校同时也应予以支持,以有利于高职学生健康人格的塑造。高职学生可以参加的社会实践活动一般包括以下几方面。

1. 军训

军训有利于高职学生克服自我中心意识和懒散作风,树立国防观念、纪律观念和集体观念,培养吃苦耐劳的精神和克服困难的坚强意志。因此,高职学生在军训期间应该积极参与,而非以各种理由逃避。

2. 学科专业和学术性研讨活动

它们不仅可以在实际生产、生活运用中加深高职学生对专业知识的理解,还可以增加对科学知识、科学技术价值的积极情感体验,从而让自己更加热爱知识,积极地进行创造性活动。

此外,还包括社会政治性的调查活动和各类社会服务活动,如勤工助学、社区劳动、青年志愿者活动,以及科技、文化、卫生"三下乡"活动等。

第八章 高职学生的恋爱心理问题研究

当前,我国的高职学生多是以寄宿为主,因此校园承担着社会与家庭的双重责任,高职学生的生活多在校园度过,并且生活中的主要信息也是从校园中来的。很多开放的高职校园也逐渐突破封闭状态,社会上的各种思想也会对高职学生产生影响。在高职学生爱情观的形成中,其恋爱教育势在必行。了解学生的恋爱心理,是把握高职学生行为的一把钥匙,是学生工作中的重要组成部分。基于此,本章就对高职学生恋爱心理的相关问题展开研究。

第一节 恋爱的内涵

一、爱情概述

(一)爱情的含义

爱情是情爱与性爱的有机组合,它是以男女间相互倾慕为基础,要求身心结合的特殊关系和强烈感情。爱情中包含了情欲和性欲,男女之间相互的性吸引是爱情的动力和内在的本质,是爱情产生的基础。性爱是爱情的躯壳,情爱是爱情的内容,是爱情的灵魂,光有性爱没有情爱的爱情,只会是畸形的、被扭曲了的爱情,昙花一现,这就导致了情欲表现的复杂性。一方面,性本能是一种无目的的内在力量;另一方面,青年男女必须按照社会规范行事,因此在情欲表露上往往不是直接的、冲动的,而是理智的、综合的。真正的爱情是不掺杂任何私欲的,如果讲利益的话,只能是把双方的幸福作为共同的利益来维护。

(二)爱情的类型

根据心理学家本(Lee,1974)的研究发现,现代青年男女的爱情关系有以下几种类型(图8-1)。

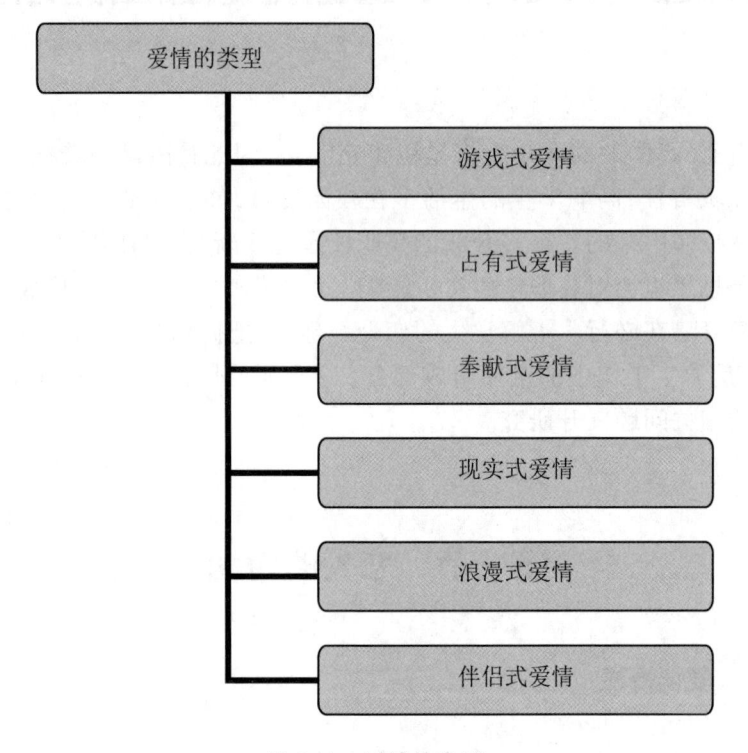

```
爱情的类型
├── 游戏式爱情
├── 占有式爱情
├── 奉献式爱情
├── 现实式爱情
├── 浪漫式爱情
└── 伴侣式爱情
```

图8-1 爱情的类型

1. 游戏式爱情

在高职校园里,很多高职学生看到身边的同学纷纷出双入对,生怕自己被别人看不起,于是迫不及待地找一个对象,试图用这种方式证明自己的"魅力"和"价值"。也有人用恋爱的方式来摆脱寂寞和烦恼,频繁更换恋爱对象,并加以炫耀。

2. 占有式爱情

对所钟爱的对象给予极其强烈的关注和感情,并希望对方以同样的方式回应,好像偌大的世界只有他们两个人,除了对方,其他一切都不值得追求,显得暗淡无光。

3. 奉献式爱情

信奉爱情是付出而不是索取的原则,甘愿为所爱之人牺牲一切,不求回报,甚至用主动失去自我来体现自己对对方的爱。

4. 现实式爱情

将爱情视为对彼此现实需求的满足,不追求理想的爱情,因而会更多地考虑对方的现实条件。

5. 浪漫式爱情

受到某些文学作品、影视作品的影响,将爱情过分理想化,在寻找另一半的时候过分强调"颜值"、身材等外在条件。

6. 伴侣式爱情

在日积月累的相处中,两人的感情由友情逐渐升级成爱情,温存多于热情,信任多于嫉妒,是一种细水长流型的、平淡而深厚的爱情。激情过后的婚姻,多半都是如此。

(三)爱情的心理本质

1. 浪漫性

浪漫性是指爱情活动的形式具有情绪化、艺术化的特点。几乎所有恋人的恋爱都带有浪漫性的特点,就连刑场婚礼也有"血色浪漫"的意味。芸芸众生,相恋时的猜疑、试探、撒娇、使气也无非是变了形的浪漫。

2. 激情性

激情是兴奋的、冲动的,是年轻人恋爱的重要特点,然而这一特点并不是青年人所独有的,一些身陷恋爱情感中的中年人或者老年人也具有激情,只不过这种激情与青年人相比较为短暂。表面来看,激情是与理智相对的,而实际上,激情的背后仍然会存在理智,正如任何一种情感都带有理性的成分一样。也许正是因为激情的存在,才产生了爱情的浪漫性。

3. 忠诚性

忠诚是爱情的首要属性。爱情的忠诚性包括以下两方面的内容。

第一，爱的忠诚性要求双方无论是在感情方面，还是在性方面，都要忠诚于对方。

第二，爱情的忠诚是发自内心的，即双方之所以会恋爱是因为真诚地喜欢对方，而不是迫于某种压力或者被金钱所吸引而选择与对方在一起。

（四）爱情的形成过程

概括来说，爱情的形成过程分为以下几个阶段（表 8-1）。

表 8-1　爱情的形成过程

爱情的形成过程	具体阐述
互不相识阶段	在这一阶段，爱情即将产生的双方还彼此陌生，甚至都还没有注意到对方的存在
开始注意阶段	在这一阶段，单方或双方已经注意到了对方的存在，但没有真正接触过
表面接触阶段	在这一阶段，单方或双方受到对方的吸引，彼此有了一定的接触，但这种接触只是平时的表面接触。在这一阶段彼此给双方的印象会给以后的交往带来很大影响。如果在这一阶段彼此给对方的印象不好，那么彼此的关系可能也就仅仅停留在了这一阶段，这也就是所谓的一般人际关系
建立友谊阶段	在这一阶段，双方关系的性质发生了实质性变化，已建立人际间的安全感和信任感，有较深的情感投入，开始发展彼此的友谊关系。双方在心理上将对方视为知己，愿意与对方分享感受、体会，谈论的话题涉及自我的许多方面，相互提供真实的评价反馈信息
关系亲密阶段	当双方都能情投意合，同喜同悲，便进入关系亲密的人际关系阶段。在这一阶段，异性之间就发展成为恋爱的关系
爱情关系中的去留阶段	在这一阶段中，如果能长期保持亲密关系，双方相知相惜、相爱相助，则为爱情关系中的留存阶段；如果不能继续保持亲密关系，逐渐疏远，相互隔阂，甚至反目成仇，则为爱情关系中的分手阶段

第八章　高职学生的恋爱心理问题研究

在整个爱情关系发展的六个阶段中,第一、二阶段是恋爱情感形成发展的萌芽时期,是朦朦胧胧、似曾相识的情感体验。第三阶段是恋爱情感形成发展初期,在这一阶段对彼此初步印象的深刻、满意与否会影响到今后的交往。第四阶段是恋爱情感形成发展的中期,有着爱与被爱、尊重需要满足的情感体验。第五、六阶段为恋爱情感发展的后期,又可将第五阶段视为恋爱情感后期中的深入期,此时的恋爱情感将得到进一步亲密的发展。第六阶段为恋爱情感后期中的持续期,此时恋爱双方的亲密关系若能维持一生,便会有持续一生的、多重需要满足的情感体验,如果很快中断彼此间的亲密关系,则情感体验维持的时间、表现的积极性因人而异,因中断原因而异。

(五)爱情的层面

爱情的层面如表 8-2 所示。

表 8-2　爱情的层面

爱情的层面	具体阐述
占有欲	占有欲是爱情双方把对方据为己有的强烈欲望。男女双方进入爱情后,都有这种欲望,希望对方专属于自己,自己也专属于对方。需要指出的是,爱情的占有欲是有边界的,也即它只限于性权利和情感权利的独占,不涉及人身权利和财产权利的独占
性欲	我们常说的爱情是典型意义上的爱情,不包括同性恋和"柏拉图式"的精神恋爱这些特殊类型的爱情。典型的男女两性之间的爱情,是以异性间的性吸引开始的
向心欲	向心欲是恋爱双方相结合为一个整体的强烈愿望。爱情发展到一定的程度,双方就强烈地希望和对方在一起。向心欲是爱情的较高层面,它体现了两人的共体性,强调两人关系的高度和谐和共生,强调双方利益的一致性
奉献欲	奉献欲是一种为对方奉献一切的强烈冲动。奉献欲是一种高尚的心理体验,是爱情崇高性的标志,因为它体现的是一种高尚的利他主义心理取向
置换欲	置换欲是恋爱双方的一种相互置换,即把自己变为对方,把对方变为自己的强烈冲动。通俗地说,双方的置换欲就是想把自己的利益给对方,把对方的困难给自己。置换欲是爱情发展到较高阶段的必然要素

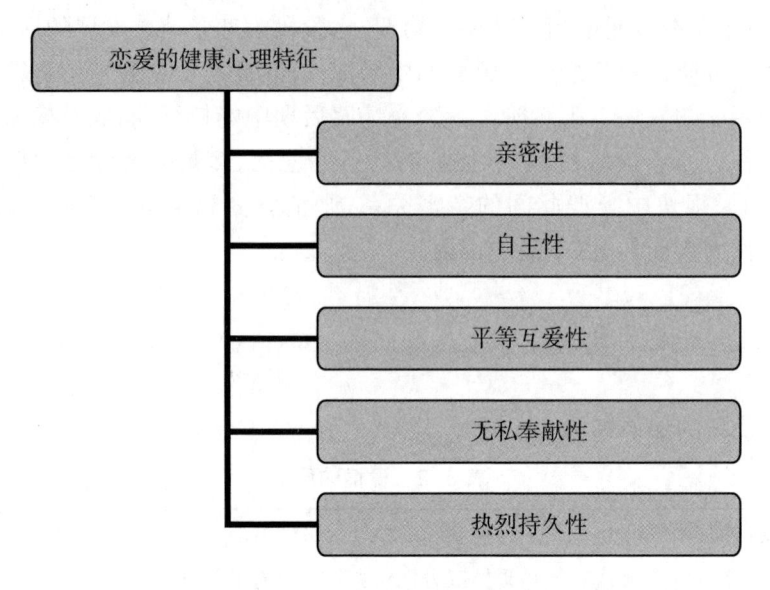

二、恋爱的健康心理特征

恋爱的健康心理特征主要包括以下几方面(图8-2)。

```
恋爱的健康心理特征
    ├── 亲密性
    ├── 自主性
    ├── 平等互爱性
    ├── 无私奉献性
    └── 热烈持久性
```

图8-2　恋爱的健康心理特征

（一）亲密性

恋爱双方强烈的心理依恋必然导致亲密，希望两人心心相印，不分你我。这种心理上的亲密也导致身体上的亲密，但它总是以具有浪漫色彩的深情的凝视、紧紧的拥抱、轻轻的亲吻、甜甜的牵手为表征。

（二）自主性

男女之间爱情关系的成立必须完全出于当事人的自愿，而不能是出自其他外来因素和势力的干预。

（三）平等互爱性

爱情要以当事人双方的互爱为前提，必须两相情愿，男女双方必须处于平等的地位。一方强制另一方的结合不是爱情；任何单相思也不是爱情；双方不平等也不是真正的爱情。

（四）无私奉献性

在爱情关系中，即使是最自私的人也会表现出奉献性，愿意为对方的快乐牺牲和奉献自己的一切。因此，我们常常通过是否发自内心为爱人做其期待的事情这个指标，来衡量爱情的存在和强度。

（五）热烈持久性

爱情的热烈性一方面表现在爱的激情上，为一种强烈要求结合的冲动，全身心投入、互相融合；而且还表现在它的动力上，在爱情的推动下，人的潜能可发挥到极致，意志可达到巅峰。爱情的持久性主要表现在同生共死的强烈愿望之上，爱情所包含的感情因素和义务因素，不仅存在于婚前的整个恋爱过程，而且存在于婚后的夫妻生活和家庭责任之中。

三、高职学生的恋爱

（一）高职学生恋爱的类型

高职学生恋爱的类型主要包括以下几方面（图8-3）。

1. 主动出击型

在高职校园中，经常会发现女生宿舍楼下有手持鲜花痴痴等候的男生。据说，对于此类在恋爱中"主动出击"的男生来说，鲜花、心形巧克力和亲手折叠的千纸鹤乃是追求佳人的"三大法宝"。"主动出击者"定会发扬屡战屡败、屡败屡战、百战不殆的精神，挖空心思甚至发动身边可以帮忙的兄弟一起加入到行列中来出谋划策。与此同时，女高职学生也在渐渐掌握恋爱的主动权，这一点曾经令一些思想保守者很是吃惊。毕竟，中国社会在接受了几千年的儒家文化传统教育之后，节操观念对于人们的影响依旧存在。然而有很多女性认为,现在男女平等,人人都有追求自己幸福的权利,所以在别人还只是将"爱情"这个词汇遮遮掩掩的时候,她们已经迈开了勇敢的第一步,向中意的男生大胆地发起进攻。她们认为,爱情本来就没有什么对错,又何必在乎别人是如何想,如何看待自己,重要的是把握住眼前的机会,不要让它从自己的掌心里滑过,成为多年之后的遗憾。虽然她们可能会失败,会因被拒绝而痛苦,但她们不会后悔,起码曾经为自己的爱情争取过。

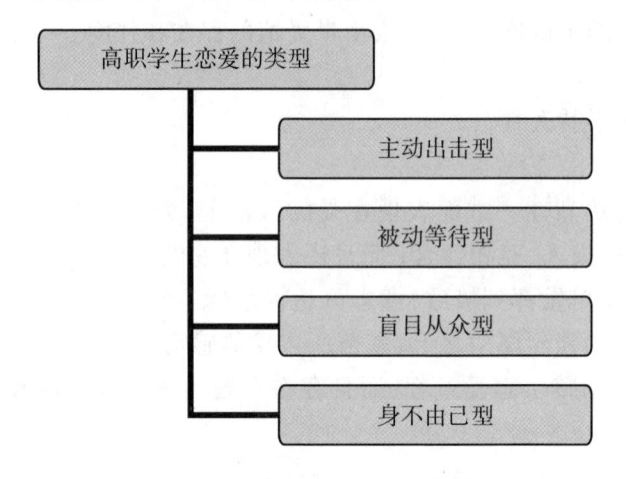

图 8-3　高职学生恋爱的类型

2. 被动等待型

有不少高职学生认为在学校里就应该谈一场恋爱,所以当他们遇到了心仪的对象时,往往是"该出手时就出手",通过自己的方法取得爱情。但并不是所有的高职学生都如此,也有的高职学生在小心翼翼地守着自己的一方小天地,等待着属于自己的爱情降临,这种类型的高职学生就属于被动等待型。

3. 盲目从众型

有些同学在恋爱择偶中相互攀比,过分追求对方的容貌、身材、家庭背景和经济状况等,以满足自己的虚荣心理。甚至明明知道自己不爱对方,但为了虚荣心而去恋爱。在高职学校里还有这样一种情况,一个较为出色的男生或女生被几个异性同时追求,这时个别同学不顾自己是否爱他(她),也加入追求者的行列,以击败对手获得对方的青睐为荣。恋

第八章 高职学生的恋爱心理问题研究

爱的基础应该是真实爱情,由于虚荣而进行的恋爱显然地基不稳。对爱情的正确理解无疑是将爱化作行动的前提和基础。

4. 身不由己型

部分高职学生在恋爱中认为,自己是身不由己地陷入其中,并非出于本意。很多时候往往表面看来,心如止水,风平浪静,其实窥其内心深处,微澜渐起,甚至会引起轩然大波,原因是万变的外界因素引起了主观的变化。

高职学生作为一个心理尚不完全成熟的群体,其心理年龄甚至小于实际年龄,所以在发生意外、产生痛苦的时候特别容易失去理智,感情用事。也有人在看过较多的小说后被男女主人公的故事,特别是女主人公在痛苦时男主人公给予爱情的情节所影响,在自己经受打击后,自然而然地将小说的情节照样搬到自己身上,认为对方和自己彼此相爱了。其实,这只能算是一场误会。可以说,不清醒的头脑,失去常态的心理,在人最痛苦的状态下而激起感情的冲动,其恋爱很难说是在追求真正的爱情,在很大程度上,只是企求得到爱的抚慰,爱只是痛苦的缓解剂而已。这样的爱情,结果大多是带来更大的痛苦。

(二)高职学生恋爱的心理特点

高职学生恋爱也具有显著特点,主要包括以下几方面(图8-4)。

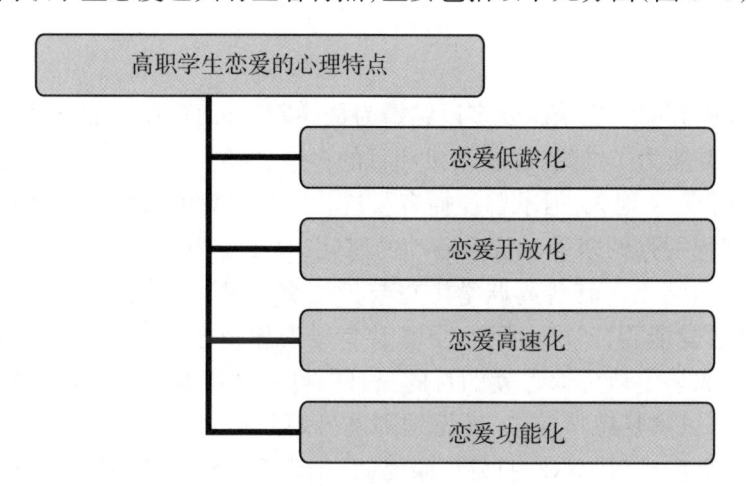

图 8-4 高职学生恋爱的心理特点

1. 恋爱低龄化

一是低年龄化，二是低年级化。高职学校中恋爱比例增大，年龄偏低是一个趋势。与以前大多数高职学生在高年级或者毕业班才谈恋爱不同，现在不少高职学生从入学之初便开始谈恋爱，甚至军训的绿色制服还未脱下，已经成双结对地出现在校园里。

2. 恋爱开放化

随着对外开放程度的加深、范围的扩大，高职学生的恋爱观也变得更加开放起来。高职学生恋爱的公开化程度普遍提高。现在相当多的高职学生谈恋爱时不会考虑国情和文化的不同，不在乎别人的目光和议论，一些高职学生在大庭广众之下做出一些亲密举动。有的高职学生在恋爱问题上追求西化，有的与多个异性同时恋爱，有的受西方"性解放"的影响，对婚前性行为无所谓，把中国传统文化及伦理道德观念置之脑后。

3. 恋爱高速化

当前高职学生恋爱的发展速度显著加快。以往的学生从相识到相恋，通常需要经历一段漫长的岁月。而现在高职学生从相识到热恋进展迅速，有的只需要不到一个月或者一周甚至一两天的时间。同时，随着恋爱频率的加快，恋爱周期也缩短，恋爱的成功率也较低。

4. 恋爱功能化

以往高职学生谈恋爱多以结婚为最终归宿，而现在大部分高职学生谈恋爱并非为了结婚，恋爱动机和目的多种多样。有些高职学生恋爱追求"不求天长地久，但求曾经拥有"，这是一种轻率的表现。大多数高职学生都特别强调恋爱时彼此心动的感觉，享受恋爱的过程，不大注重恋爱的最后结果。有些高职学生在与异性交往时，注重情感上的刺激快乐，对恋爱能否成功无所谓，更有甚者错误地把恋爱和婚姻割裂开来。很多高职学生认为谈恋爱的目的只是一种感情体验，及时行乐，借此寻求刺激，以满足感情需求，而婚姻则是另一回事。还有一些高职学生为了消除寂寞，填补空虚，打发课余时间，把恋爱当作一种消遣。这种行为的本质是只强调享受爱的权利，而否认承担爱的责任。

第八章　高职学生的恋爱心理问题研究

（三）高职学生恋爱的心理变化

完整的恋爱一般要经历初恋和热恋两个阶段,而不完整的恋爱则只经过初恋便告结束。高职学生恋爱,在这两个阶段有着不同的心理变化,这种变化是非常明显的。

1. 初恋阶段的心理变化

初恋是心理最敏感的时期,往往每一个细小的举动都会引起双方心绪的强烈颤动,产生情感上的共鸣。每一个高职学生都十分珍惜自己的初恋,他们总是用最美好的词句记载和描绘初恋的时光。初恋一般要经过醉我、疑我、非我、化我四个阶段(表 8-3)。

表 8-3　初恋的阶段

初恋的阶段	具体阐述
醉我	醉我就是对方的相貌、风度、仪表、气质、品格、才能、理想等肉体和精神的魅力深深地吸引自己。此时,总有一种从未有过的捉摸不透的亲近欲和冲动
疑我	因为我被对方陶醉了,所以拼命地在对方面前自我显示,以引起对方的注意,但是对方对我是否有意呢?于是我就进入反复评价这种爱的可能性的怀疑期
非我	非我即当终于知道对方也在爱自己的时候,激动不已,兴奋而紧张,一切都不像平时的我了。高职学生如果处于非我阶段,常常会做出情不自禁的喜悦表情和动作,呈忘乎所以的状态
化我	此时单独的我已不存在,无论是读书学习,还是穿戴住行都像是为对方的,甚至认为大自然、周围环境也是为对方存在的

2. 热恋阶段的心理变化

热恋是爱情走向成熟的标志。在初恋的基础上,双方经过一段时间的感情交流,对彼此的志向、个性、人品、修养、兴趣等有了一定了解,在感情交融、志趣相投的情况下,爱情进展到了更充实、更热情、更有具体内涵的阶段。从初恋到热恋,必须也应该有一个时间量和情感量的积累。初恋是珍贵的,但爱情发展的一般规律表明,热恋同样是珍贵的,高职学生一旦进入热恋阶段,就会在心理上刻下难忘的印痕,即使转移了恋爱目标,原有的热恋体验仍具有较大的影响。

恋爱的过程时常会伴随各种偏差矛盾。这些偏差矛盾的解决有赖于人格的成熟、心理的健全，同样，偏差矛盾的解决又会促进或阻碍人格的发展和心理的健全。因此，高职学生应努力培养健康的恋爱心理。

第二节　高职学生常见的恋爱心理问题

一、择偶标准不实际

高职学生由于年纪较小，缺乏社会经历，受到影视作品的影响，往往把择偶的对象理想化。有的高职学生希望自己的对象十全十美，没有一点缺陷；有的高职学生按照自己心中偶像的标准来选择对象；有的高职学生将择偶对象固定在一个范围内，比如必须要一米八以上，如果低于这个标准坚决不考虑；有的高职学生非要找个研究生作为恋爱对象等，以上这些条件严重限制了高职学生的择偶范围。需要注意的是，高职学生在择偶时虽然应该有一个标准，但是不能因为各种虚荣而规定一个不符合实际的标准。

二、恋爱动机不端正

一方面，高职学生正处于自我概念发展的成熟时期，自尊心强，对于他人对自己的评价与态度异常敏感，因而在人际交往中，常常为了避免伤害自己、维护自尊，而封锁自己的内心世界；另一方面，进入高职学校后，学习动机不足，精神空虚。这些都可能更增添了高职学生远离家乡的孤寂感，使之寻求异性知己，试图用"爱情"来慰藉自己。恋爱动机的纯洁和健康是保证恋爱顺利进行的重要基础。恋爱动机不端正会导致恋爱夭折，甚至产生严重的后果。

三、恋爱道德观不清晰

爱情应该是高尚的,这就要求高职学生必须要树立正确的恋爱道德观。不良的恋爱道德观不仅会玷污爱情的纯洁,而且还会危害高职学生的身心健康。高职学生在恋爱过程中应该以爱情为基础,真诚相待。然而在当代高职学生中,不乏一些学生在恋爱过程中缺乏道德观,部分学生将恋爱看成是一种获得肯定的手段,在骗取了他人的感情后又将其抛弃。近年来,高职学生中相当一部分人对待恋爱的随意态度在增加,他们开始漠视忠贞专一,有的朝秦暮楚,见异思迁;有的热衷于"三角恋""多角恋",对爱情极不严肃;有的不断变换恋爱对象,大搞人生游戏。另外,现在高职校园对待恋爱比过去宽松,但有的高职学生不分时间、地点,在众目睽睽之下行为随意、轻浮放纵,有违社会公德,在恋爱过程中甚至因一时的感情冲动而发生越轨性行为,激情过后,他们又会后悔、相互埋怨,让自己追悔莫及。这些不良的恋爱道德观势必会破坏恋爱在高职学生心目中的纯洁性和高尚性。

四、不能正确处理恋爱中的心理困扰

(一)虚荣与爱情

有的高职学生看到周围的伙伴一个个都找到了自己的恋人,觉得自己如果没有恋人的话,形影相吊不说,更主要的是觉得自己太丢人了:为什么大家都有人爱,就自己不招人喜欢呢?出于这种考虑,他们发誓要找到恋人。

(二)好感与爱情

高职学生在开始恋爱时,对好感与爱情两个概念经常分不清楚。好感能够给自己带来快乐、愉悦、兴奋的感受。但好感并不就是爱情,它们之间有着一定的区别和联系。

第一,有好感通常是发展爱情的前提和基础。许多人的爱情就是在有好感的基础上逐步发展起来的。

第二，好感具有广泛性特点，一个人同时可以对几个人产生好感。而爱情具有独有性，一个人一般只会在一个时间爱上一个人。

第三，从持续时间来说，好感属于情绪性的反应，时间持续一般比较短。而爱情则是在长时间的相互了解中发展起来的一种稳定的、持久的情感。

第四，好感可能只需要了解对方一个或者几个让自己感到快乐的特点就可以产生。爱情却是整体的、概括一切的。"你说不上她哪一点美，只觉得整体都是美的。一种韵致浸透活跃的生命，明朗、流畅，却充满使人驻足回首的神秘"，这段话描绘的就是爱情。

（三）寂寞与爱情

有些学生考入高职学校后，学习缺乏动力，感到高职学习生活枯燥乏味，精神空虚，高职学习生活远没有想象中的那般丰富多彩，每天除了上课之外，同班同学在一起的机会很少，由于寂寞而谈恋爱，这在高职学生中是较为常见的现象。

爱情成了名副其实的避风港，成了严寒的冬日可以取暖的火堆，成了寂寞者的精神寄托。但是，当寂寞者适应了生活，不再寂寞时，用来填补寂寞缺口的爱情最终只能是滴落在手上的胭脂红，无法成为心头的朱砂痣。

（四）友谊与爱情

同学、同事朋友之间在相互了解和依恋的基础上，形成的一种亲密、平等、真挚、友好的情谊关系就是友谊。对性、美感、依附三种因素的满足所产生的一种情绪体验则为爱情，它是基于人性的三种基本属性：生物属性、精神属性和社会属性而产生的。

无论是同性之间还是异性之间，如为友谊，不管两人之间的关系发展到怎样亲密的程度，彼此之间也不会产生拥有对方身体的愿望。但有趣的是，异性间的友谊又常常是爱情的基础。在现实生活中，经常有这样的情况：一个处在恋爱甚至婚姻中的人，却同时拥有一个异性知己，而且与这位异性知己是无话不谈，他们了解彼此的程度甚至超过了对恋人的了解程度。友谊与爱情并不相互排斥，当爱情发展到一定阶段后，在爱情中培养友谊是一个重要且奇妙的内容。

五、不能正确对待恋爱挫折

不是所有的恋人都是幸福的,不是每个渴望爱情的人都能拥有美满幸福的爱情。高职学生恋爱中的心理挫折主要有以下几种。

(一)单相思

单相思是指以一方对另一方一厢情愿的倾慕与热爱为特点的畸形爱情。

1. 单相思的心理倾向

单相思者常会有关注、亲物和幻想三种心理倾向。
(1)关注
单相思者对所恋对象强烈地倾慕,长时间地、细致地对其进行观察。
(2)亲物
单相思者对相思对象的物品进行抚摸把玩,对其住处流连忘返,表现出变态性亲近。
(3)幻想
单相思者常呈白日梦状态,经常地、反复地想象能与对象公开相爱的情景。

2. 单相思的类型

单相思又可以分为有感单相思和无感单相思两种。
(1)有感单相思
有感单相思是一种对方知道你在恋他(她),但是,他(她)并不恋你的单相思。
(2)无感单相思
无感单相思是一种一方深深地恋着对方,而对方并不知晓的单相思。无感单相思多属于幻想的单相思,相思者认为相思对象是遥不可及、神圣不可侵犯的,怀有畏惧之心。

3. 单相思的成因

（1）自作多情

这种单相思者明明就知道对方不爱自己,但仍然还是一味地纠缠、追求,对于这种相思者,我们给出的建议是应该及时制止自己的这一行为,因为这样做不仅不会得到对方的爱,反而会引起对方的反感,而且还会损害自己的形象。

（2）理想模式

每一个男女青年的心中都有属于自己的白雪公主或者白马王子,一旦生活中遇到了自己理想中的人物,就会产生难以抑制的爱情之火,这种爱在没有引起对方的感情时就形成了一种单相思。单相思的对象可能是同窗好友,也有可能是只有一面之交的陌生人,还有可能是影视作品中的人物。

（3）爱情错觉

男女高职学生由于生活经历较少,所以很容易将友情当作爱情,把男女同学之间的正常交往误解为是爱情,会因此而想入非非,造成单相思。

（4）情感封拒

情感封拒是指一个人深爱着对方,但却不知道对方的感情,所以不敢表白,因此就故意在对方面前装出一副不屑一顾的神情,甚至口是心非,欲爱却贬,从而苦苦相思,夜不成寐。这种情感封拒会影响高职学生情感的正常表达和交流,引起心情不佳,郁郁寡欢,这种感情的封闭和压抑,久而久之可能导致情感方面无所适从,甚至会造成心理疾病。

4. 单相思的危害

（1）单相思就像毒药一样腐蚀着单恋者的心灵,使其虚度宝贵的青春。此外,它还腐蚀单相思者的斗志。单相思者一般都把恋爱的对象作为自己最高的目标和最大的追求,因而也就无法把心思集中在学习和工作上了。

（2）单相思还会造成心理失调。一个生活在幻想爱情中的人,必然是封闭型的。他性格孤僻,情绪低沉,对周围的人和事漠不关心,处不好人际关系;他内心苦闷,心情压抑,而又无人可排解,无处疏泄,心理出现失衡的状态。

第八章　高职学生的恋爱心理问题研究

（二）一见钟情

一见钟情是指短时间内突然发生的爱情,一见钟情的人往往彼此强烈地吸引,除了对对方的仪表、谈吐等外在特征欣赏外,还会伴有一定的生理体验与感受,如心怦怦乱跳、兴奋不已、不能自控,渴望得到对方,这种生理效应会进一步激发情感,产生亲近、愉悦、爱慕等爱情体验。一见钟情是高职学生恋爱中较为常见的现象,一般来说,男生较女生更容易一见钟情,这是因为男生选择对象时往往更关注女方的外貌长相等外在特征,只要女方外表美丽动人,就会比较容易对其动情,并将其作为理想的对象来追求,而女方如果对对方也有一定的好印象,那么就比较容易坠入情网。需要说明的是,一见钟情的浪漫爱情大多是来自性本能的驱使,激情燃尽后便意味着爱情的死亡。所以,要想爱情持久,必须要保持清醒的头脑,在对对方有深刻了解之后再投入感情。

（三）三角恋

有的学生在寻求爱情的过程中,落入三角恋的畸形恋爱中,如果发生三角恋,三人之间将无法把精力投入对对方的了解和感情加深上,而过多地纠缠于感情冲突中。此时的恋爱,很大程度上失去了正常恋爱特征,而更多的是矛盾痛苦、纠葛等,令当事人烦恼不堪,也会给以后的恋爱生活留下阴影。恋爱失败的一方,由于嫉妒,则可能心灰意冷或焦躁不安,失去对生活和爱情的信心。三角恋中,最后的结局必然有人退出,因此三角恋只会导致不愉快和悲剧的发生,对恋爱的三方有害无益。

（四）失恋

失恋是指恋爱受挫失败。恋爱失败是正常的事情。失恋引起的主要情绪反应是痛苦和烦恼,失恋者的心态一般表现为以下几种特征。
第一,心境恶劣。
第二,行为反常。
第三,精神错乱。

第四,报复。

第五,自杀。

(五)网恋

网恋是指在网络空间里,异性之间形成和发展的一定程度的情感依恋关系。随着互联网的发展,网恋成为当代高职学生的新型情感交往方式。很多高职学生认为,网恋是满足情感需要的一种方式。由于网恋是虚拟的,让自己感到轻松。超过一半的学生会在"失落""无聊"等情绪状态下发生网恋。但对于网恋,学校应对学生进行合理引导。

(六)同性恋

在高职学生群体中,也会有一些同性恋者。同性恋是指一个人在性爱、心理、情感上的兴趣主要对象均为同性别的人。男同性恋者被称为"Gay"或"同志",女同性恋者则被称为"拉拉"。对于同性恋高职学生来说,保持乐观、积极的心态非常重要,而其他同学应该客观、平等地看待身边的同性恋者。

(七)爱情错觉

爱情错觉,是指在异性间正常的交往中,一方错误地把另一方的平常行为,理解为对自己有爱意,从而错误地认为爱情已经到来的一种感受。这里应当指出的是,爱情错觉与单相思是不同的两个概念,它不是单相思的一种表现形式。单相思是指一方有意,另一方已明确表示无意;或者一方有意,另一方并不知晓的两种情况,表白无效或不敢表白是单相思者的痛苦来源。而爱情错觉并不存在不敢表白与表白无效的情况,错把"无爱"当"有爱"是他们痛苦的根源,或者说他们的爱情痛苦源于误会。高职学生可以依据爱情的排他性、冲动性、隐曲性几个特点,来证明是否是自己产生了爱情错觉。

第一,冲动性,对你的试探性言语、行为表情,他(她)的反应是不在乎或反感,没有脸红、紧张等激动表情。

第二,排他性,如果你同其他异性亲密往来,他(她)无任何不满、嫉妒。

第三,隐曲性,他(她)总是大大方方对你表示关怀、帮助,与你谈话总是落落大方、随随便便,从不给你暗示的眼神和动作,对你们两人的交往,从不躲闪回避;而你约他(她)单独外出看戏、看电影他(她)却不同意。

凡是出现以上情况,很有可能说明你对他(她)的爱是出于错觉。

第三节　高职学生健康恋爱心理的培养

一、拥有正确的恋爱态度

通过人们对待爱情的态度,可以折射出一个人的精神境界和道德情操。具体来说,高职学生的正确恋爱态度是通过以下几个方面表现出来的。

(一)要尊重恋人

恋人之间的互相尊重、互相理解是恋爱成功的保障,是婚姻幸福的土壤。离开了尊重和理解,爱情之树就会枯萎。

(二)对待恋人专一

一个在爱情上不忠贞、不专一的人,不仅得不到纯洁的爱情,而且也很难成为一个品德高尚的人。因此,高职学生要用高尚的思想情操,去追求至真、至善的爱情生活,培育纯洁、崇高、永恒的爱情。

(三)对待恋人真诚

高职学生恋爱双方要真诚相待。彼此诚恳坦白,十分重要。男女双方在爱情上的忠诚和相互信任,是巩固和发展爱情,建立美满婚姻的必要条件。

(四) 要理解和信任恋人

恋人之间贵在相知。没有理解和信任,互相猜疑、互相设防,美好的爱情就会失去光彩。因此,恋人之间要襟怀坦白、光明磊落,用理解和信任去浇灌、培育爱情,使爱情之树常绿。

(五) 摆正爱情与学业的关系

学习是学生的首要任务,应当把主要精力放在学习上。如果高职学生在恋爱中只知道沉湎于现时的情爱之中,丧失了追求学业的热情,也就丧失了全面发展自己的大好时机。如果将来无法在社会立足,没有了物质基础,又怎会有幸福的爱情?

(六) 承担责任,相互奉献

爱,不仅是一种权利,更是一种责任和义务。爱的权利和义务是密不可分的。高职学生必须以高度负责的态度对待恋爱。在恋爱中高职学生应该懂得,爱情是一种责任和奉献。爱情的无私,表现在给予而不是索取。美满的爱情生活来自不计回报地奉献和宽广博大的胸襟。高职学生踏上爱的旅途后,如果没有强烈的责任感和奉献精神,是不会走上爱的康庄大道的。

(七) 理智高尚地处理激情

爱情中如果没有激情是不完美的。但是,没有理智控制的激情是会酿出苦酒的。如果高职学生整天爱得天昏地暗,把爱情当作生活的全部,对学业、事业不闻不问,终究有一天,爱情会从手中溜走。在校高职学生正处于性生理和性心理发展的高涨时期,在热恋中容易激情泛滥,缺乏理智。为了对彼此负责,在热恋中尤其要有冷静而清醒的头脑。

二、培养爱的能力

爱是一种能力,也是一种艺术,因此,只有掌握了爱的艺术,具备了爱的能力,才会正确地面对和处理爱情。培养爱的能力,高职学生可从以下几点入手。

(一)识别爱的能力

在爱情当中人们常常以为是爱才和对方走在一起,其实可能掺杂了许多其他心理因素与物质因素。也许是为了虚荣,或为了满足征服的欲望;也许有现实的利益,或因为性,识别自己内心世界的情感,其实也需要勇气。

(二)表达爱的能力

一个人在对某一异性产生了爱并进行了理智分析后,就应该勇敢地、用正确的方式对其进行表达,以免错过爱情,这就是表达爱的能力。而在表达爱时,需要具有信心和勇气,也需要选用恰当的语言与方式,还要做好被拒绝的心理准备。

(三)接受爱的能力

当别人抛出爱的绣球时,并不是所有的人都有勇气接受。有的同学会对自己做出过低的评价,会觉得自己不配;有的同学认为自己不值得爱而不敢接受爱情;当然还可能是因为怕受伤害而不敢去拥有。总之,能否有勇气接受爱情,很重要的一点就是是否有自信。

(四)拒绝爱的能力

一个人在面对自己并不希望得到的爱情时,能够理智地进行拒绝,这便是拒绝爱的能力。

爱情是不能够勉强的,因而一个人在面对爱情时必须要具有拒绝爱的能力。一个人若是缺乏这种能力,在面对一份自己并不希望得到或是不适合自己的爱情时,便无法做出正确的决策,继而对两个人都造成严重的伤害。

虽然每一个人都有权利拒绝自己不想接受的爱情,但是对每一种真挚的感情都予以珍重是对他们起码的尊重,也是个人自重的行为。因此,在拒绝他人的爱时,要注意采用恰当的拒绝方式,切不可对他们的心理造成危害。

(五)保持爱情长久的能力

这种能力其实需要把对方的快乐当成自己的快乐,把对方的痛苦当成自己的痛苦,凡事都要为对方着想,从对方的角度出发去思考问题,在遇到问题时要积极主动地去解决。另外,还要时刻学习,提高自己各方面的能力,只有不断学习、不断和对方进行有效的交流,才能使爱情的保质期更长久。

(六)解决爱的冲突的能力

两个人在相处过程中不可避免地会因为意见不和等原因而出现冲突,面对这一情况,高职学生一定要具有解决爱的冲突的能力,要知道,在恋爱中如果遇到了冲突,一定要冷静下来进行沟通,只有有效沟通才是解决问题的方法,一味地怒吼和谩骂只能互相伤害。

三、培养承受失恋痛苦的能力

(一)稳定情绪

失恋中体验到的痛苦情绪会使得内心积累很多负性能量,因此需要采用向亲人、好友或心理咨询师倾诉的方式,或者写日记、书信等方式宣泄情绪,从而缓解积蓄的心理紧张和心理冲突,以便让自己尽快回归到正常生活轨道上来。失恋是人生中一个很大的挫折,考验的是人的耐受挫折的能力。

（二）学会自我疏导

失恋虽为人之常事，却是一生中最痛苦的心理挫折之一。不管是主动抛弃还是被抛弃，失恋都会给双方的情感带来悲伤和心灵刺痛。因此，面对失恋，一定要学会进行自我疏导。

第一，了解分手共同性。一般来说，分手台词都有一定共同性，如"我们性格不合"等。因此，当面对分手时，没有必要对分手原因追根究底，对有些男性在分手后的藕断丝连、犹豫不决要有一定的心理准备。

第二，认识到人生是一个过程，可惜的是不能重来，可喜的是不需要重来。失恋究竟是绊脚石还是垫脚石，都在一念之间。因此，分手了就做回美好的自己。

第三，分手后，不要想立马通过爱情转移的方式找到情感替代，而是要花时间好好反思自己的这段感情，争取让自己从中吸取经验和教训，在失恋中得到成长。

（三）掌握合理的调适方法

面对失恋所导致的这些心理特征，承受着失恋打击的人，应采用合理的方法调适自我，从而走出失恋的泥潭。

1. 忙碌忘忧法

失恋，对于任何男女来说都会在他们的灵魂深处烙上深深的痕迹。有人失恋后就心灰意冷、自暴自弃。有的人甚至产生绝望轻生的念头，对恋爱失去希望、对自己失去信心。若处于这种状态，不妨让自己忙碌起来。要知道，人生的主要内容并不只是爱情，还有比爱情更重要的追求，那就是学习、工作和事业。因此，失恋以后失恋者不可消沉下去，应该忙碌起来，把心中的忧愁驱赶出去，让积极忙碌的工作冲淡心中的烦恼。

2. 合理宣泄法

很多高职学生在失恋以后情绪沮丧、悔恨不已、烦恼不安，如此长期沉积，必然会导致精神疾病。因此，应采取合理宣泄法，即通过正常的发泄方式,以不侵害他人为原则,运用发泄、疏导的方法,减轻心头压力。但是,失恋者切不可采取不当的发泄方式,如酗酒、赌博、吸毒、打人、杀人等,也不能出于卑鄙的报复心理肆意造谣中伤、诬陷诽谤对方。这样,不但无法帮助自己解除失恋痛苦,还会使自己更加萎靡颓废,甚至走上犯罪的道路。

3. 坦然相对法

失恋常常引起深刻的情绪障碍,主要表现为以下几个方面。

(1)自卑感

这类失恋者往往自己瞧不起自己,认为被别人抛弃了,把精神集中于自己的不足之处,根本不去考虑自己的优势和特长。

(2)羞耻感

一旦失恋,便以为不光彩、丢人现眼、低人一等、没脸见人,把失恋当成自己沉重的负担,牢牢地拴在自己的脖子上,压得自己直不起腰。

(3)依附感

这种人往往缺乏独立自主的性格,失恋时不惜下跪乞求,用痛苦和眼泪、花言和巧语去感动对方,唤起对方的同情心,以挽救恋爱的失败。

针对以上三种不良心态,失恋者应该采取的正确态度是顺其自然、全盘接受、任凭出现、允许存在,即坦然相对法。而且,失恋者要重新认识恋爱,恋爱不可能百分之百地成功,失恋并非什么羞耻的事情,既然对方绝情而去,失恋者就不要再用廉价的泪水去换取对方的同情。要知道,同情不是爱情。

第九章 高职学生的心理危机干预

随着社会的发展,人们的生活压力越来越大,心理压力随之增强,而心理压力所诱发的心理危机事件也屡见不鲜。当心理危机发生的主体聚焦于高职学生时,该群体在遭遇学业、人际、就业、经济等压力下所出现的自杀事件呈现出逐年上升的趋势,这给社会、学校和家庭带来巨大的悲痛和损失。因此,一定要使高职学生的心理危机得到及时、有效、专业的心理援助,促进高职学生心理的健康成长。

第一节 心理危机概述

一、危机概述

在《辞海》中,危机的解释为三个含义:一是潜伏的祸机;二是指生死成败的紧要关头;三是指经济危机。危机意味着平衡的稳定被破坏。简单地讲,危机是一种具有威胁性的情境或事件,是一种主观的反映,也是躯体的唤醒。

危机具有显著的特征,概括来说主要包括以下几方面(图9-1)。

(一)意外性、不确定性

第一,危机由组织内外环境因素造成,不能明确肯定环境的各种变化。

第二,危机发生的原因和危机行为的变化是多样化的,故而对危机的到来不确定。

```
危机的特征
├── 意外性、不确定性
├── 紧急性
├── 危害性
└── 无预警性
```

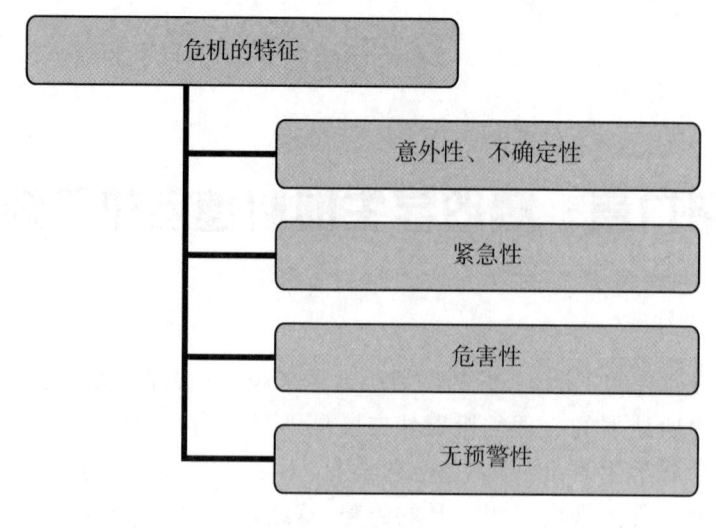

图 9-1　危机的特征

（二）紧急性

时间紧迫，出乎人们的预期。个体在遭遇重大问题或变故后使之感到难以解决、难以把握，如果不能得到很快的控制和及时缓解，危机就会导致人们在认知、情感和行为上出现无所适从甚至思维和行为的紊乱。

（三）危害性

意外性为危机的起因性特征，紧急性、预警性是危机的实践性特征，危害性是危机的结果性特征。

（四）无预警性

危机的无预警性就是根据以前掌握的很少信息不了解威胁到底来自什么地方，以什么方式出现。它无法以例行程序处理，其结果可能导致最终情况的恶化或好转。

二、心理危机的概念

心理危机是个体在同社会环境及自然关系不断取得协调和平衡的过程中,由于内外有害因素引起的自己意识到或意识不到的主观困惑状态或心理异常现象。

三、心理危机的特点

心理危机的特点如表9-1所示。

表9-1 心理危机的特点

心理危机的特点	具体阐述
紧急性	危机的出现具有紧急的特征,它需要人们去紧急应对
突发性	危机常常是出人意料、突如其来的,具有不可控制性
痛苦性	危机在事前事后给人带来的体验都是痛苦的,甚至可能涉及人尊严的丧失
无助性	危机的降临,常常使人觉得无所适从,而且,危机使得人们未来的计划受到威胁和破坏。由于心理自助能力差、社会心理支持系统不完善,危机常常使个体感到无助
危险性	危机之中隐含着危险,这种危险可能影响到人们的正常生活与交往,严重的还可能危及自己和他人的生命

四、心理危机的影响

心理危机包括个体或群体面临的损失、危险、不幸、羞辱、不可控性、日常生活的崩溃、不确定性和隐性的沟通等。一系列不相关的事件,长期的、难以理解的、人为的困难都可以使危机变得复杂。发生心理危机后的心理平衡状态可能恢复到原有水平,也可能高于或低于危机前的水平。也就是说,心理危机对人们来说并不总是一件坏事,它实际上包含有危险和机遇两层含义。有人曾将危机形象地比喻为一柄"双刃剑",既可伤人也可助人。

第二节　高职学生常见的心理危机

高职学生的心理危机是高职学生由于无法克服主客观因素的负面影响而产生的一种严重心理失衡状态。

一、高职学生心理危机的分类

根据不同的标准，可以将高职学生的心理危机分为以下几类。

（一）根据诱发原因差异进行分类

根据诱发原因差异，可以将高职学生的心理危机分为以下几大类。

1. 因角色冲突而诱发的心理危机

因角色冲突而诱发的心理危机包括新旧角色交替危机与多重角色冲突危机两种亚类型。

（1）新旧角色交替危机

新旧角色交替危机是指由于进入人生的不同阶段，个体内角色需要发生转换时产生的不适应。

（2）多重角色冲突危机

多重角色冲突危机是指同一阶段内需要扮演不同角色时所产生的冲突。

2. 因违反高职学生行为准则引发的心理危机

虽然违反行为准则本身可能不会对高职学生造成心理危机，但如果这种违反行为被公开或者扩大化，那么就会导致高职学生因此而受到惩罚，就有可能导致高职学生出现心理危机。

3. 因情境变迁所引发的心理危机

高职学生在成长的过程中,受各种因素影响,不可避免地会出现各种情境的变迁,当情境变迁是在高职学生所能承受的范围之内,那么就不会对高职学生造成严重影响,反之,如果情境变迁超出了高职学生所能承受的范围,那么高职学生就会因此而出现心理危机。

4. 因价值危机而引发的心理危机

因价值危机而引发的心理危机主要是指高职学生对社会责任、个人生活价值等抽象问题的思考与反思而引发的心理危机。当社会中部分阴暗面与现实生活的残酷性,与高职学生所认为的理想状态产生落差时,高职学生极易陷入某种焦虑与不安,进而引发心理危机。

(二)根据所产生结果的差异进行分类

根据所产生结果的差异,可以将高职学生的心理危机分为以下几大类。

1. 哀伤情绪的心理危机

高职学生群体中会出现因亲友亡故等意外事件而陷入悲痛欲绝的情绪状态。比如,面对父母亲人的离世,高职学生可能会因为没有尽到孝心而自责,而朋友的亡故也可能让他们体验到丧失感和自责感。当悲伤情绪到达一定程度就可能产生心理危机。

2. 焦虑情绪的心理危机

学习问题、就业问题、人际冲突、环境适应以及性格上的缺陷等原因会引发高职学生的焦虑情感。当焦虑情绪进行积累而达到质变的程度时,个体的焦虑危机则应运而生。

3. 失恋的心理危机

个体在大学阶段建立亲密关系的需要较为强烈,但亲密关系处理方式的技巧性与成熟性相对较低,因此该时期的恋爱问题常常发生并成为高职学生的心理困扰。个体在恋情出现情感危机或失恋后不能恰当及时地处理情感情绪,就容易使一些学生陷入失恋危机。

4. 自杀危机

自杀是指主体自愿或试图采取各种手段以结束自己生命的行为。据调查,近年来高职学生自杀死亡的人数呈上升趋势。对于高职学生自杀者来说,以下征兆显示自杀的可能性。

第一,学习兴趣的丧失。

第二,曾谈起有自杀史的人。

第三,个人卫生的恶化。

第四,问话时表现出精神迟滞。

第五,回答问题和动作缓慢并表露出厌世情绪。

第六,抑郁过后,突然表现出亢奋状态等。

二、高职学生心理危机的特点

高职学生心理危机的特点主要包括以下几方面(图9-2)。

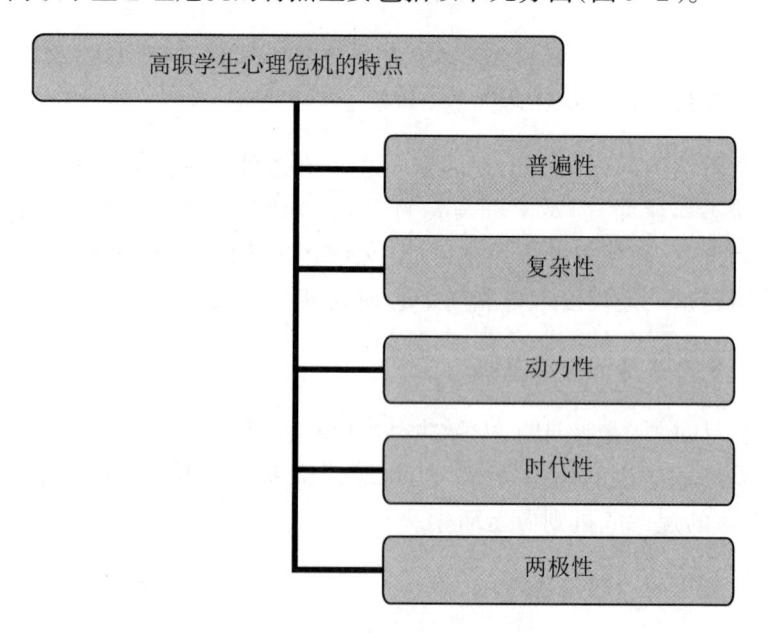

图 9-2 高职学生心理危机的特点

高职学生心理危机的特点:
- 普遍性
- 复杂性
- 动力性
- 时代性
- 两极性

第九章　高职学生的心理危机干预

（一）普遍性

心理危机从某种程度上来说是普遍存在的,每个人在人生发展道路上都可能遇到因受挫而造成的危机,这表明个体正在努力适应环境的变化,保持自我与环境的平衡。对处于发展关键阶段的高职学生来说更是如此,高职时期需要探索自我、规划职业人生、适应未来社会多变的环境,这是一个不断打破自身的平衡,寻求新的自我秩序的过程,每个人都可能会遇到各种各样的心理危机。

（二）复杂性

高职学生心理危机的复杂性主要体现在以下几方面。

第一,形成心理危机的原因是多方面的,既有外部原因,如环境的变化与要求,也可以是内部的,如生理的变化、心理功能的差异。

第二,对心理危机的处理能力也存在着个体差异性,这与个体的背景包括生活环境、家庭教育、成长经历、同伴交往等,也与个体的心理特点如认知、价值观、个性等综合因素相关。

（三）动力性

高职学生在遇到心理危机时,如果处理得当,就会从中得到经验,这些经验对于高职学生的成长具有重要作用,所以说,心理危机也具有动力性的特点。

（四）时代性

心理危机与时代背景有着高度的相关性。当代的社会环境、政治格局、经济发展等各方面,对高职学生群体的影响有其特殊性,高职学生在个人对理想的追求与社会现实的距离中体会到冲突与矛盾。经济发展迅猛,信息爆炸让一部分高职学生感觉必须跟上时代,常常害怕自己比不上他人、害怕自己落后掉队,这就导致高职学生的压力增大,心理危机产生。

（五）两极性

危机是一把"双刃剑",危险与机遇并存。如果高职学生能够正确地处理好自己所面临的心理危机,那么这种危机在化解之后,高职学生从中可以学到很多知识,积累许多经验,对其成长具有重要意义。反之,如果高职学生不能正确对待心理危机,使心理危机一直朝不利的方向发展,最终导致人际关系问题和学习问题的产生。最严重的是,有些危机还会使学生产生自杀的想法。所以说,高职学生心理危机具有两极性的特点。

三、高职学生心理危机的表现

高职学生心理危机的表现如表 9-2 所示。

表 9-2 高职学生心理危机的表现

心理危机的表现	具体阐述
情绪方面的表现	出现心理危机之后,高职学生情绪方面的表现主要有:情绪低落或不稳,愤怒、自责、羞耻,震惊畏惧,极度的焦虑抑郁,敏感多疑,无助感、情感淡漠
生理方面的表现	出现心理危机之后,高职学生生理方面的表现主要有:呼吸短促、肌肉紧张、心跳加速、冒汗、眩晕头痛、胸闷心痛、睡眠紊乱、食欲不振等
认知方面的表现	出现心理危机之后,高职学生认知方面的表现主要有:记忆力下降,反应速度减慢,不能集中注意力,思考、推理、判断问题能力降低,缺乏自信,逃避现实、不愿承认事情的发生,无法控制地将想法集中在危机事件上
行为方面的表现	出现心理危机之后,高职学生行为方面的表现主要包括以下几方面。 第一,暴力倾向,做出伤害他人的行为或自我伤害行为,如酗酒、依赖药物、自杀等。 第二,退缩行为,放弃以前的兴趣,沉默少语、不愿与人交谈,回避社交活动,躲避他人。 第三,假装适应行为,表面看上去调适良好,成功处理创伤及压力,但难以与周围建立协调统一的关系,不能与人建立真挚信任的关系,并且脆弱敏感

第三节 高职学生心理危机的有效干预

一、要客观地分析产生心理危机的原因

客观地分析产生心理危机的原因是排除心理危机、走出逆境的基础。心理危机是怎样产生的？是由什么原因或主要是由什么原因引起的？是目标追求过高或者目标定位不准？是自身刻苦拼搏、执着努力不够？是客观条件不具备或自然界、社会生活中的偶然事件？或这几个方面都存在？对心理危机产生的原因要进行冷静、客观、全面的分析。

二、要勇于正视心理危机

这是排除心理危机、走出逆境的心理和思想前提。对一个人来说，心理危机是不可避免的，不能选择的，当遭遇心理危机、身处逆境时，既不能怨天尤人，消沉颓丧，悲观绝望，也不能消极逃避，自欺欺人，而是以乐观向上的态度勇敢地面对它、正视它，并积极地创造条件，寻找转机去战胜它、克服它。

三、要培养健康、科学的人生态度

人生态度，就是指人们在一定社会环境下，根据自我生活的体验，对人生及人生问题所形成的比较稳定的心理倾向。

培养健康、科学的人生态度是排除心理危机、走出逆境的根本。所谓健康、科学的人生态度，就是指乐观向上、积极有为、有益于社会进步的人生态度。具体说来，要做到以下几点。

第一，要锻炼意志力。意志力包括恒心、毅力和自制力，表现为行为的坚持性、忍耐性、顽强性和心理危机承受力，也就是说，一个意志坚强的人为了追求目标、理想和信念，会坚定执着，锲而不舍，即使面对困难和心理危机，也会百折不回，不达目的誓不罢休。

第二，要热爱生活。热爱生活表明人对自己、对他人、对社会及其生

活的一种积极乐观倾向,这种倾向内在地奠定了人们正视产生任何挫折可能性的心理承受基础。当一个人热爱生活时,就会珍惜生活,用乐观的心境体验生活,他们感受到的是山川的秀美,人间的温暖,生活的美好,人生的幸福。尽管也看到社会生活中的阴暗面,但能用积极的心态去看待它,或者看到这是任何社会都避免不了的,或者看到随着社会的发展它终将被消除。有充分的信心去战胜困难与心理危机,他们在困难和心理危机面前不逃避、不悲观、不消沉、不气馁、不绝望,而是充满信心和希望,勇敢地去战胜心理危机和困难。在古今中外的历史上,像这种热爱生活不屈从于心理危机和逆境,勇敢地战胜心理危机和逆境,为人类做出伟大创造和贡献的例子举不胜举,贝多芬、奥斯特洛夫斯基、张海迪就是这方面的典范。

第三,做任何事情都要有最坏的心理准备,朝最好的方向努力。这是前人人生经验的总结,更是生活辩证法的要求。因为任何目标追求都内含着目标无法实现的可能性。所以,我们在做任何事或进行任何目标追求时,都不要把它绝对化,应该有目标不能实现的心理准备。当目标真的没能实现时,由于有了事先的心理准备,就能理智地接受和面对,否则,当面对目标没有实现的结局,由于事先没有心理准备,就会措手不及,惊慌失措,深感失望与失落、产生较大的心理挫折。

四、要积极地寻求恰当的方式方法战胜自我

心理危机是人的目的和动机得不到满足时的紧张情绪体验,它的形成在一定程度上还与人的个性有关。一般来说,自私、贪婪、嫉妒、自卑、自傲、孤独、内向的人,容易产生心理危机,挫折感强烈;相反,热心、豁达、利他、自信、谦虚、外向的人,产生心理危机的可能性要小得多,心理危机感不强烈。因为有良好个性的人,心胸开阔,不斤斤计较于个人的名利、荣誉、权势与得失,志向远大,理想崇高,不会为一时的困难、心理危机所吓倒,就是身处逆境也满怀希望和信心,勇敢地与命运拼搏,所以,对他们来说,轻微的挫折不算挫折,逆境也不过是一种轻微的挫折而已。相反,个性不良的人,心胸狭隘,斤斤计较于个人得失,稍不顺心,就感受到强烈的挫折。所以,要排除挫折,走出逆境,还必须树立远大志向和崇高理想,超越自我中心主义,克服自私、自卑、自欺、自弃等不良的个性心理倾向,培养优良的个性品质。

第九章　高职学生的心理危机干预

五、要积极展开心理调适

高职学生心理调适是指高职学生利用自身所具有的心理调适机制摆脱痛苦,战胜心理危机,最终达到心理平衡、达到自我这三个世界完整统一的适应性倾向。它可以分为心理调节机制和心理防御机制。

(一)心理调节机制

心理调节机制是指自我对遇到的心理危机,采取理性的方法,分析研究心理危机的原因,战胜心理危机,以实现自我统一,实现目标取向的心理适应过程。

心理调节机制具有以下特点。

第一,任何一个与自我"目标取向"相抵的刺激,都一定唤起自我的调节机制。

第二,心理调节机制是个体自我有意识、有目的、有理性地对引起心理危机的刺激采取的积极措施。

第三,心理调节机制是自我正视心理危机事实,力图改变心理危机性质、强度、时间长短的主动出击。

第四,心理调节机制的目标,是使心理危机引起的焦虑、心理不平衡、自我不统一的现象得到解决。

第五,心理调节机制的最高目标是化挫折为动力,愈挫愈奋,为目标取向的顺利完成注入新的活力。

第六,心理调节机制是人在心理、情绪、精神正常的情况下运用的。

(二)心理防御机制

心理防御机制是人们本能所具有的一种回避、曲解挫折以达到摆脱痛苦,减轻不安,恢复情绪稳定,达到心理平衡的适应性倾向。

心理防御机制具有以下特点。

第一,它一般在心理调节机制克服挫折失败的情况下,自发地发挥作用。

第二,这种机制以间接满足自己目标取向的方式保护自我(遇到挫折时可能受到伤害)。

第三,这种机制并不改变挫折本身,只是以回避、曲解现实、自我欺骗等方式改变自我对挫折的理解与思考。

第四,大多数防御机制只能暂时地减轻痛苦和焦虑,并未使挫折真正解决,有时反而使挫折情景、挫折源复杂而陷入更大挫折。

第五,防御机制主要是无意的、非理性地对付挫折的方式。

高职学生常见的心理防御机制有以下几种(表9-3)。

表9-3　高职学生常见的心理防御机制

常见的心理防御机制	具体阐述
压抑	弗洛伊德认为被压抑的东西可以通过梦的解析、自由联想、催眠以及口误或记忆错误的分析揭示出来
文饰	文饰又称"合理化",是指自我总是用逻辑证明的方式,来为那些若不用某种方式解释就会引起焦虑的结果寻找理由
投射	投射是一种个人用以对自己某些真实的存在,若承认它就会引起焦虑的事情进行压抑以及把它们转嫁他人的机制,把责任推给别人,或仿同别人,认为别人也是如此;在高职学生中运用这种机制保护自尊的还是很普遍的
反向	在一般情况下,人的行为方向和他的动机方向是一致的,一个人对自己真实我所憎、所爱的事物,在现实我的行为上也会很自然表现出来。但是当真实我的欲望、行动不为自己、他人和社会规范所容忍、许可时,其常被压抑到潜意识中去,人们由于害怕它会突然表现出来,不得不严格把关,于是在现实我上表现出截然相反的态度或行为,"此地无银三百两"即是反向作用,如特别自吹自擂的人一般内心都很自卑

六、要引导学生学会利用正确的挫折归因模式

要引导学生正确认识挫折的二重性影响,找出挫折产生的因素,如高职学生人为地夸大某一方面的原因就很容易使其走向极端,而无助于克服挫折。如有的高职学生把学习上的挫折归因于教师教得不好或归因于自己的能力等,就无助于战胜挫折。

七、要加强对高职学生的社会化塑造

高职学生的社会化是指社会对高职学生进行的有关参与社会生活的基本知识、技能、本领和行为规范等一切影响和一系列有组织的教育活动过程。它是施化者与受化者之间的互动过程。施化者包括学校、社会、家长、舆论体系等。为使高职学生提高对挫折的适应能力,应加强对高职学生以下几方面的社会化塑造。

(一)传递角色规范

现实我的世界实际上也就是自我的角色世界,一个人一生要扮演很多角色,其身上也同时具有很多角色,每一角色表现就是一个现实我,作为某一特定角色,它必须满足三个方面的期望。
第一,满足来自特定角色规范的期望。
第二,满足来自同群体其他人的期望。
第三,满足来自占据一定地位的个人、集体或某一象征的期望,当个体扮演的角色满足了这三方面的要求时,其角色表演就会受到保护。
当他遇到挫折时,就会受到以上三方面的支持,个体也会因之减少挫折的负面影响。

(二)传递社会价值观

现实我与真实我相统一的前提是个体能涵化接受社会整体价值观,即个体的自我价值观与社会价值观基本同向。这样现实我就不必过多地去掩饰、去伪装,与真实我的距离就不会太大,二者的冲突也就较小,自我的挫折感也越小,同向自我的价值观也是影响个体挫折适应能力大小的重要因素。

(三)提高挫折适应能力

挫折适应能力受很多因素影响,除了个体自身努力外,社会化的施化者也应予以具体指导,以提高其挫折适应能力。

（四）完善自我结构

大的自我结构具有明显的特征，要通过社会化，使高职学生正确认识自己的三个世界，完善自己的三个世界。

八、要允许学生发泄不满

精神分析理论认为，个体遭受挫折就会产生紧张、焦虑的情绪，这种情绪必须发泄出来，才能保持心理平衡。否则，随着挫折的增多，消极情绪的积累，就会诱发个体心理不健康，甚至精神失常。

九、要积极开展心理咨询

心理咨询就是通过咨询员对受挫者的个别谈话、出主意、提希望，把受挫者的消极心理反应消灭在萌芽状态。高职学生正处在寻找自我同一性的时期，这一时期是挫折多发期，而高职学生又缺乏挫折的处理经验。开展心理咨询工作，就能较确切地找到高职学生的挫折原因，告知学生如何摆脱挫折，就能减少悲剧的发生，从而使高职学生能以积极态势适应环境。

十、提高高职学生的情绪调节能力

情绪是心理困扰或心理危机最直接最容易体现的表现，同时对人的影响也非常强烈，这些影响体现在生理、心理及社会功能等各方面。某个程度上情绪是引发高职学生心理问题的主要因素。高职学生要掌握基本的情绪心理，学会用有效的手段，科学地调节自己的情绪。当遇到不愉快的事情或者心情不好的时候，可以采取一些方法排解。经常保持良好的心境和乐观的情绪，形成适度的情绪反应能力和抗干扰能力，避免情绪的大起大落，避免产生情绪的极端变化和波动。

第九章　高职学生的心理危机干预

十一、增强高职学生的社会适应能力

社会适应是个体与各种环境因素连续且不断改变的相互作用过程。在每一个阶段,个体都需要调整自我以取得与环境的关系,这个过程中产生的一系列心理和行为变化体现了个人的社会适应。社会适应是毕生的过程,某些个体面对新情境时会出现不适应性,表现出伴有压力和生理及心理上的功能障碍。作为社会中的一员,高职学生应树立不断调整适应变化的观念,积极适应自身、环境、社会的种种变化,增强社会适应能力。

十二、建立有效的处理机制

学校可以成立心理危机紧急处理小组,由分管校领导负责,学生工作部门、心理健康教育部门、安全保卫部门、校医院、宣传部门、各院系的相关人员组成。当学生中出现因心理危机引起的突发事件时,通过各种信息渠道掌握应激源、学生心理和情绪变化情况等信息,按照工作预案快速有效地开展工作,实施救助,控制局面,防止扩散,维护稳定。

十三、建立学校心理危机干预的三级机制

一般来说,心理危机干预机制分为三个层次。

(一)发挥班级心理委员或寝室心理委员的作用

作为班里的一员,班级或寝室心理委员在日常生活中更容易了解周围同学的心理状态,从而辨别可能存在的心理危机状况,及时向负责老师报告,使得危机干预能更有主动性。

作为心理委员,应该有良好的心理健康状况,乐于帮助他人解决困难,以及通过学习培训等掌握一定的心理学健康知识。

（二）二级院系的关心辅导

各系的班主任、辅导员及教师通过与学生的接触,建立师生间的信任与沟通,关爱学生,关注学生的心理状况,帮助学生解决心理困惑。对出现心理问题迅速恶化的现象,或新发现有严重心理问题的学生,立即向危机干预的有关部门报告,并在专业指导下及时为学生提供帮助、实施危机干预。

（三）校级心理危机干预中心

通常以心理健康中心或心理咨询中心为核心,整合各方资源,积极开展心理危机预防和干预的宣传教育,及时组织开展高职学生心理健康测评,为全校学生建立心理健康档案,及时排查有心理问题学生的情况并及时关注,重点掌握心理危机的高危个体以及心理危机干预重点对象的相关情况。对高职学生中出现的心理危机事件进行及时处理、疏导和危机干预。

十四、预防和干预自杀

自杀是心理危机中极端的表现之一,也是对自身伤害最为严重的行为。自杀行为不但造成个人与家庭的损失,也给社会带来负面影响,理应重视对其进行干预。

（一）识别自杀行为的信号

1. 言语信号

通过话语或书面语言,如作文、书信、日志、网络交流等直接或委婉地表达想自杀的念头。这是一个极其危险的信号。

2. 行为信号

当自杀念头增强时,会在日常生活中表现出异常的行为改变。

（1）生理方面的突然变化

睡眠、饮食规律变得紊乱、失眠、食欲下降等。

（2）情绪方面的剧烈变化

第一，抑郁的状态、焦虑不安、无故哭泣。

第二，流露出无助或无望的心情。

第三，情绪反常，突然从悲伤情绪转为平稳冷静，甚至很欢快的模样。

（3）社交行为的异常

第一，退缩、回避社交活动，减少与人的接触或者不与人来往，明显减少与其生活中的重要人物的交流。

第二，对生活失去兴趣，学业骤然下降，对平时感兴趣的事情表现漠然，甚至连个人卫生习惯也无法保持。

（4）考虑自杀的方法

有意识地接触这方面的信息，并寻求相关的自杀手段及工具。

（5）出现"告别"行为

第一，突然将有价值、有纪念性的物品进行整理或者转赠。

第二，无故给周围的亲朋好友道谢、致歉、送礼物甚至告别。

第三，安排好各类事情等。这是非常典型也是非常危险的自杀信号。

（二）帮助有自杀念头的人

1. 给予对方支持

身边的人给予的各方面支持，特别是心理感情的支持对于有自杀念头的人来说是非常重要的，能让他感受到获得帮助，即使是一个关心的眼神，默默地陪伴，也能抚慰心灵。

2. 耐心倾听

当对方向你倾诉时，首先冷静下来耐心倾听，让对方充分表露情绪。不要试图说服对方改变感受，而是通过不评价、不给予意见建议表达对其支持及对其关心，让他感受到温暖。

3. 警惕及确认自杀的迹象

表现出越多的自杀行为信号,意味着对方自杀的风险越高。当发现对方有自杀念头时,可以大胆询问,询问自杀不但不会引起自杀,还能及时发现以拯救生命。当对方提到要终结自己的生命,应当相信他的话并认真对待,不要答应对方绝对保密,挽救性命与保守秘密是两回事,必要时应当告诉可信任、可提供帮助的相关人员。

4. 紧急救助

假如觉得他当时自杀的可能性很高时,不要让其独处,在保护自己安全的前提下,要移走可能促使自杀的工具,并寻求相关资源的协助,如老师、心理咨询中心、心理服务机构等。

参考文献

[1] 张海婷. 高职大学生心理健康教育 [M]. 北京：北京理工大学出版社, 2020.

[2] 由新华, 年星, 王迪, 等. 高校心理健康教育教程 [M]. 北京：新华出版社, 2015.

[3] 范朝霞, 毛婷婷. 新时期大学生心理健康问题与对策探究 [M]. 北京：中国书籍出版社, 2017.

[4] 陈文宝, 王富君. 大学生心理与辅导 [M]. 北京：中国商业出版社, 1994.

[5] 郭朝辉, 谢大欣, 邓猛. 大学生心理健康教育 [M]. 北京：科学出版社, 2014.

[6] 张梅英. 大学生心理健康问题及调适探究 [M]. 北京：中国商务出版社, 2016.

[7] 李婷婷. 积极心理学视角下的大学生心理问题探析 [M]. 北京：中国书籍出版社, 2020.

[8] 欧晓霞, 罗杨. 大学生心理健康（2版）[M]. 北京：清华大学出版社, 2018.

[9] 梁利苹, 徐颖, 刘洪均. 大学生心理健康教育 [M]. 北京：清华大学出版社, 2018.

[10] 王彩英, 王兵, 朱贵喜. 当代大学生心理健康教育 [M]. 北京：科学出版社, 2011.

[11] 许德宽, 朱俊梅. 大学生心理健康教育 [M]. 北京：清华大学出版社, 2009.

[12] 张建平, 李璐. 心理健康指导手册 [M]. 北京：国家行政学院出版社, 2013.

[13] 臧平, 张金明, 矫宇, 等. 大学生心理健康教育 [M]. 北京：高等

教育出版社,2012.

[14] 张金明,蒲文慧,陆时莉,等.大学生心理健康教育[M].北京:北京邮电大学出版社,2011.

[15] 王玉杰.大学生心理健康[M].北京:北京工业大学出版社,2018.

[16] 齐斯文,贺一明,吴迪.大学生心理健康[M].长春:吉林出版集团股份有限公司,2018.

[17] 张冬梅,谷丹.大学生心理健康教育[M].北京:北京邮电大学出版社,2018.

[18] 许德宽.大学生心理健康教程[M].北京:现代教育出版社,2009.

[19] 李艳.大学生心理健康教育[M].北京:北京邮电大学出版社,2017.

[20] 张金明,蒲文慧.大学生心理健康教育教程[M].北京:北京邮电大学出版社,2015.

[21] 辛勇.大学生心理健康教育[M].北京:科学出版社,2018.

[22] 朱卫嘉.大学生心理素质培养与训练[M].成都:西南交通大学出版社,2002.

[23] 刘建锋,石静.大学生心理健康教育[M].上海:上海交通大学出版社,2016.

[24] 魏双锋,孙俊芳.大学生心理健康教育[M].成都:电子科技大学出版社,2017.

[25] 李广平,葛剑,喻玉兰.大学生心理健康教育[M].南昌:江西科学技术出版社,2018.

[26] 王艳.高等教育管理与大学生心理健康教育[M].成都:电子科技大学出版社,2017.

[27] 韩克文,马晓风.心理健康教育[M].重庆:西南师范大学出版社,2016.

[28] 薛志芬.大学生心理健康教程[M].北京:中国科学文化出版社,2003.

[29] 陈昊.大学生心理健康教育[M].上海:上海交通大学出版社,2016.

[30] 栾贻福,郑立勇,周晶,等.大学生心理健康教育[M].广州:华

南理工大学出版社,2018.

[31] 单慧娟,廖财国,李爽.大学生心理健康教育[M].镇江：江苏大学出版社,2017.

[32] 黄爱明,梁利苹.高职大学生心理素质教育与训练[M].北京：北京大学出版社,2011.

[33] 邵政,郭兆良,王涛济,等.大学生心理健康教育[M].南京：南京大学出版社,2016.